KB095161

THEMENT

THEMENT

ⓒ 유성, 2021

개정판 1쇄 발행 2021년 2월 12일

지은이   유성
펴낸이   이기봉
편집   좋은땅 편집팀
펴낸곳   도서출판 좋은땅
주소   서울 마포구 성지길 25 보광빌딩 2층
전화   02)374-8616~7
팩스   02)374-8614
이메일   gworldbook@naver.com
홈페이지   www.g-world.co.kr

ISBN   979-11-6649-329-4 (03690)

- 가격은 뒤표지에 있습니다.
- 이 책은 저작권법에 의하여 보호를 받는 저작물이므로 무단 전재와 복제를 금합니다.
- 파본은 구입하신 서점에서 교환해 드립니다.

THEMENT

멘트
사용
설명서

개정판

보기만 하면 많은 사람들 앞에서 재미있는 사람이 되는 신기한 책

유성 지음

좋은땅

목차

독자들에게 하고 싶은 말   7

THEMENT STORY   8

추천사   10

MC 유성 인터뷰   14

1장 MC와 멘트

1. GOOD 멘트, BAD 멘트?   24

2. 멘트를 살려라?   29

멘트 심폐 소생술

몸으로 익힌다?

3. 재미있는 멘트의 법칙   33

반복의 법칙(BB 법칙)

공감대 형성의 법칙

4. 3B 멘트 공식   40

3B 법칙(비유와 비교)

3B 법칙(반전)

5. 유성의 3B 멘트 공식 11선   48

유성의 3B 멘트 공식 1

유성의 3B 멘트 공식 2

유성의 3B 멘트 공식 3

유성의 3B 멘트 공식 4

유성의 3B 멘트 공식 5

유성의 3B 멘트 공식 6

유성의 3B 멘트 공식 7

유성의 3B 멘트 공식 8

유성의 3B 멘트 공식 9

유성의 3B 멘트 공식 10

유성의 3B 멘트 공식 11

6. MC 유성이 알려 주는 진행 포인트　　　　　　　　72

7. MC 유성이 직접 몸으로 익힌 노하우　　　　　　　79

8. 무대공포증 대처 10계명　　　　　　　　　　　　87

9. 프로 MC의 요건 10가지　　　　　　　　　　　　95

2장 **실전 멘트 자료(실전 MENT 1000선)**

1. 자기소개 멘트　　　　　　　　　　　　　　　104

2. 오프닝 멘트　　　　　　　　　　　　　　　　123

3. 인터뷰 멘트　　　　　　　　　　　　　　　　151

4. 선물 멘트　　　　　　　　　　　　　　　　　203

5. 상황 멘트　　　　　　　　　　　　　　　　　215

6. 댄스 멘트　　　　　　　　　　　　　　　　　264

7. 건배사　　　　　　　　　　　　　　　　　　273

8. 엔딩 멘트　　　　　　　　　　　　　　　　　285

9. 명언 멘트　　　　　　　　　　　　　　　　　299

진행 시나리오　　　　　　　　　　　　　　　　339

책을 마무리하며　　　　　　　　　　　　　　　357

감사한 분들　　　　　　　　　　　　　　　　　358

독자들에게 하고 싶은 말

『THEMENT』는 제 인생의 노력이 담겨 있는 책입니다.

진행을 처음 시작할 때의 저의 열정들, 강의를 진행하면서 얻은 모든 노하우를 모두 집약시켜서 만든 책입니다.

이 책을 출판한 지도 벌써 6년이 지났습니다. 그동안 많은 일들이 있었고 제 인생에 많은 변화가 생겼습니다. 하지만 제가 마이크를 잡고 있다는 것 하나는 변함이 없습니다.

15년 전, 한 글자 한 글자 남겼던 메모장이 책이 되었듯이 저는 지금도 제 인생을 한 글자씩 써 내려가고 있습니다.

지금 현재는 물론 MC와 레크리에이션 강사 그리고 새롭게 팀빌딩 프로그램 개발회사를 만들어서 프로그램을 개발 · 진행하고 조직활성화 기업교육 강사로 활동을 하고 있습니다.

그동안 많은 분들이 제 책을 읽어 주셨습니다.

MC를 꿈꾸는 분들 MC로 활동하시는 분들께서 "책 너무 좋아요!", "진행할 때마다 가지고 다녀요!", "이 책 덕분에 무대에 서서 이야기할 수 있었어요!"라고 이야기해 주실 때 보람을 느낍니다.

이번에 15년간의 모든 노하우와 멘트를 이 책에 담으려고 노력했습니다. 사실 지금도 무대에 서면서 아직도 부족함을 느끼고 아직도 열심히 배우고 있는 15년 차 초보 MC이지만 제가 아는 노하우를 통해서 많은 분들이 무대에서 마이크를 잡고 많은 사람들에게 웃음을 주었으면 좋겠습니다.

이 책은 스승님이 내게 주었던 작은 메모장에서 시작되었다. 그 작은 메모장 속의 멘트가 이렇게 책으로 엮어질 수 있었던 것은 두 번이나 낙방했던 해군 홍보단 MC 시험 덕분이었다.

해군 홍보단 MC로 들어가고 싶어서 두 번이나 시험을 봤지만 모두 떨어졌다. 하지만 포기하지 않았고, 해군 홍보단 MC로 들어가기 위해 더욱더 많은 노력을 했다. 그 노력 중의 하나가 내가 가진 자료를 책으로 엮어서 심사위원들에게 내 실력의 크기를 보여 주는 것이었다. 그렇게 약 9개월 동안 열정을 다해 준비했고, 드디어 오디션 날이 되었다. 자기소개와 개인기를 하고 오디션 마지막 즈음 나의 노하우가 담긴 원고를 해군 홍보단 오디션 심사위원들에게 보여 주었다. 오디션 결과는 어떻게 되었을까? 그때 보여 준 원고 덕분이었는지 아니면 운이 좋았던 덕분이었는지 모르겠지만 마지막 도전이라고 생각한 세 번째 시험에서 당당하게 해군 홍보단 MC로 합격할 수 있었다. 군대에 입대해서는 행사 부대인 만큼 엄청나게 많은 행사를 진행했다. 몸은 힘들었지만 이 때문에 다양한 시행착오를 겪으며 2년 동안 많은 노하우를 쌓을 수 있었다.

그렇게 2년이 지나고 제대를 앞뒀을 때 나는 한 가지 결심을 했다. 지금까지 모은 멘트와 노하우를 모두 담아서 보기만 해도 무대에서 재미있게 말할 수 있는 완벽한 MC 책을 만들어 보자! 이렇게 다짐하고 제대를 해서 책 출판을 준비하고 있는데, 문득 한 가지 생각이 들었다. '지금 MC로써 아무것도 이룬 게 없는 내가 전문 서적을 출판해도 되는 것인가?' 이런 고민을

하다가 결심했다. '책을 낼 만한 위치가 될 때까지 기다리자!'

그렇게 결심을 하고 MC로서 자리를 잡기 위해 여러 가지 많은 노력을 했다. 기획사를 찾아다니면서 행사를 따기 위해서 영업을 다니기도 하고, 행사가 없을 때는 실력이 녹슬까 싶어 지하철에 가서 처음 본 사람들을 대상으로 진행을 해 보기도 했다. 또 진행을 잘하는 사람이 있다는 소문을 들으면 그곳이 어디든 직접 찾아가 노하우를 배우기도 하며 부지런히 진행 역량을 키워 나갔다. 이런 노력 덕분에 어느 정도 자리를 잡을 수 있었고, 이렇게 자리도 잡고 여유가 생기니 예전에 하려고 했던 일들이 하나씩 떠올랐다. 그중의 하나가 책을 출판하는 일이었다. 이전에 쓴 내용에 군대에서 행사하면서 쌓인 노하우와 그동안 필드에서의 경험을 더해서 책의 내용을 하나하나 정리해 나갔다. 실전에서 반응이 좋지 않았던 멘트는 걸러 내거나 수정해 나가며 완벽한 책을 만들기 위해서 노력했다. 사실 나도, 이 책도 완벽하지는 않다. 하지만 이 책을 보는 사람들에게 한 가지 약속할 수 있는 것은 이 책에 적힌 수많은 멘트 중에서 10개만 외우고 있으면 누구나 무대에서 재미있는 사람이 될 수 있다는 것이다. 대개 사람들은 대중의 앞에서 재미있게 말하고 감동을 주는 말솜씨는 타고나야 한다고 생각한다. 하지만 노력만 한다면 누구나 많은 사람들 앞에서 자신 있게 말할 수 있다.

KBS 개그맨&스타강사 고혜성

MC 유성군과의 인연은 벌써 15년이 넘었네요. 제가 개그맨이 되기 전 레크리에이션 강사를 할 때 제 행사를 보고 싶다며 찾아왔습니다. 처음 봤을 때부터 특유의 눈웃음과 사교성으로 쉽게 친해지게 되었고, 그 이후로 친동생처럼 가깝게 지냈습니다. 함께 전국을 다니면서 잘하는 레크리에이션 강사를 찾아다니며 그들의 행사를 모니터했습니다.

유성군은 항상 메모를 하며 그들의 멘트를 적고 정말 성실하게 배웠습니다. 그동안 유성군의 진행을 수백 번 이상을 지켜본 사람으로서, 그는 그어떤 MC보다 순발력과 재치가 뛰어나며, 가장 큰 장점은 무대 위에 올라온 대상을 편안하게 대해 준다는 것이었습니다.

무슨 일이든 10년을 하면 달인의 경지에 오른다고 생각합니다. 유성군은 레크리에이션 강사, 이벤트 MC의 달인이라 감히 말하고 싶습니다. 그가 15년 동안 전국을 다니며 개발한 멘트와 게임을 공개한다니 정말 이것은 대한민국 MC계의 큰 혁명이 아닐 수 없습니다. 또한 이 책은 돈의 가치로 따질 수 없을 만큼의 MC 유성군의 땀과 노력이 담겨 있습니다.

레크리에이션과 관련된 사람뿐만 아니라 무대에, 사람들 앞에 서고 싶은 사람들에게 반드시 큰 도움이 될 것입니다. 이 책으로 인해 대한민국이 지금보다 더 즐겁고 유쾌해지리라 믿습니다.

코미디언&배우 김기리

꽁트와 연기에 특화되어 있던 저는 해군 홍보단 시절 유성과 함께 수많은 무대를 경험하며 그에게 정말 많은 것을 배웠습니다. 무대 위에서 사람들을 웃기는 것은 물론이고 매너, 깔끔한 진행과 상황별·연령별에 따른 다양한 멘트들을 배우고 때로는 같이 만들기도 했습니다. 이런 노하우들이 이 책에 다 있네요! 남들 앞에 서고 싶은 분들이라면 100% 도움이 되실 겁니다.

20년차 대한민국 1% MC 이호선

이번에 새롭게 출간된 MC 유성의 『THEMENT』는 누구든 최고의 MC로 만들어 주는 책입니다. 20년 이상 MC를 해 온 저도 항상 무대 위에 오르기 전, '오늘은 어떤 말로 오프닝을 할까?', '무슨 얘기로 사람들의 마음을 움직일까?', '사람들을 어떻게 웃게 드려야 하나?' 고민합니다.

이럴 때 『THEMENT』가 큰 도움이 되었습니다.

미리 읽어 두시면 무대 위에서 예상 답안을 미리 알고 시험 보는 느낌이 들 겁니다.

KBS 공채 MC 이정무

멘트에 관련 된 책 중에서 가장 쉽고, 누구나 따라할 수 있는 책입니다. 마이크를 잡을 일이 생긴다면 적극 추천합니다.

『THEMENT』는 진짜 경험을 바탕으로 만들어진 이 시대 최고의 MC 멘트 백과사전입니다. 이 책만 있으면 누구나 마이크를 잡고 재미있게 말할 수 있을 것입니다.

SBS 개그맨&라디오 DJ&스피치 강사 김일희

SBS 개그맨이 되고 나서 행사를 배우기 시작하면서 만난 유성 씨와 인연이 된 지 벌써 15년이 지났네요. 그때 당시 행사 멘트를 배우기 위해 전국 방방곡곡을 다녔던 기억이 아직도 생생합니다. 15년 전에 『THEMENT』와 같은 책이 있었다면 시간과 돈을 많이 아낄 수 있었을 것입니다. 사실 MC들에게 멘트 노트란 것은 자신의 속마음을 담은 일기라고 할 만큼 공개하기 쉽지 않은 것입니다. MC 유성 씨가 이것을 공개한다는 것은 그만큼 멘트에 자신이 있고 무대에 서고 싶은 사람들의 대한 배려라고 생각합니다.

SBS 개그맨&방송인 황영진

경고합니다.

함부로 이 책을 읽지 마세요.

한 장만 읽으면 사람을 웃길 수 있다는 초능력이 생기는 대단한 책입니다.

방송인 김승현

멘트로써 말하고, 멘트로써 소통하고, 멘트로써 사람들에게 웃음을 주고 행복을 줍니다. 멘트는 많은 사람들에게 힐링을 주기도 하지만 잘못 사용하면 오히려 킬링이 될 수도 있습니다. 많은 사람들에게 웃음과 감동으로 힐링을 주고 싶으시다면 『THEMENT』를 추천합니다. 그리고 마지막으로 해군 홍보단 MC 후배인 유성군의 책이 출간된 것을 진심으로 축하합니다!

개그맨&유머 컨설턴트 장용

그동안 많은 말을 하고 살아왔지만 아직도 재미있게 '말하기'가 쉽지 않습니다. 늘 하는 말이라 그냥 지나쳤던 2%를 『THEMENT』가 채워 줄 것입니다. 이 책을 남몰래 보시면 친구들 사이에서 아주 유머러스한 사람이 될 수 있을 것 같은데요!

MC 유성 인터뷰

한 번 보면 지워지지 않는 유성 사인펜 같은 매력을 가진 유성!
　그는 기업 교육, 워크숍, 프레젠테이션, 축제 진행, MT, OT, 레크리에이
션 등 모든 행사에 종횡무진으로 활동하는 최고의 MC이다. MC 유성이 지
난 16년 동안 쌓아 온 멘트와 노하우를 담아 책을 출판해 이슈로 떠오르고
있다. 『유성의 THEMENT』는 보기만 하면 멘트를 통해서 누구나 많은 사람
앞에 설 수 있게 되는 신비한 책이다! 지금부터 『유성의 THEMENT』에 대
해서 샅샅이 파헤쳐 보자!

6년이 지나서 개정판을 출판하는 소감

처음 책을 내고 6년 뒤에 개정판을 출판한다! 상당히 오래 걸렸죠!

하지만 제게는 초판본이 다 판매가 되었다는 것에 더 큰 의미를 두고 있습니다. 전문서적인 만큼 판매 부수가 그렇게 많지 않을 것이라는 것은 예상했고, 입소문으로만 초판본이 다 판매가 되었다는 것으로 만족하고 개정판을 출판하게 되어 행복합니다.

초판본과 다른 점

멘트라는 것이 트렌드에 민감한 부분이 많습니다.

그래서 개정판을 쓰면서 많은 멘트를 걷어 내고 트렌드에 맞추어 수정을 하고 보기 편안하게 약간씩 수정을 했습니다.

책을 쓰게 된 계기는?

처음에는 제가 책을 출판하게 될 것이라고는 상상도 못 했습니다. 사실 이 책의 시작은 저의 스승님의 한마디로부터 시작되었는데요. 제게 메모장을 선물로 주시면서 이런 말씀을 해 주셨습니다.

"무엇이든지 메모를 해라! 그 메모들이 언젠간 모두 네 것이 될 것이다!"

이 말씀을 듣고 그때부터 감동적인 말이나 재미있는 말이 나오면 무엇이든 메모를 해 나가기 시작했어요. 그러다 보니 멘트의 양이 많아졌고 혼자보기 너무 아까워서 이렇게 책으로 만들게 되었습니다.

멘트를 오픈한 이유

한국 사람들은 많은 사람들 앞에서 재미있게 말하는 것에 대해서 익숙하지 않습니다. 그에 반해서 외국인들은 어느 순간이든, 어떤 자리든 농담으로 분위기를 부드럽게 만들고 주위 사람들에게 편안함을 주죠. 이렇게 외국인과 우리나라 사람들이 다른 가장 큰 이유는 어릴 때부터 받아 온 교육 방식 때문인 것 같습니다. 외국은 발표나 토론 위주의 교육 방식이 주류를 이루는 방면 우리나라는 암기 위주의 교육이 대부분이죠. 이 때문에 어쩌다 많은 사람들 앞에서 말해야 하는 기회가 생겼을 때는 일단 가슴부터 벌렁거립니다. 재미있게 말하기는커녕 그냥 말하는 것조차 힘이 들죠! 대부분의 대한민국 사람들은 많은 사람들 앞에 서서 말할 준비가 전혀 되어 있지 않은 것 같습니다.

이런 현실을 보면서 저는 한 가지 바람이 생겼습니다. 대한민국 사람 모두가 많은 사람들 앞에서 말을 재미있게 할 수 있게 되었으면 하는 바람! 만약 그렇게만 된다면 대한민국의 행복지수도 훨씬 높아질 것이고 더욱더 즐거운 세상이 되지 않을까요?

기존의 스피치 서적과 다른 점은?

서점에 가 보면 자기계발서, 그중에서도 스피치 관련 책들이 셀 수 없이 많습니다. 하지만 어떤 스피치 서적을 보아도 전반적인 이론만을 알려 주지, 실전에서 사용할 수 있는 멘트를 알려 주는 서적은 없었습니다.

하다못해 자기소개 하나만 준비하려고 해도 어떻게 자기소개를 재미있게 쓸 수 있는지 방법이나 멘트를 알려 주는 책이 없었습니다. 그저 '이런 방법을 사용해라!'라는 말만 해 줄 뿐이죠.

이 말은 마치 "주식은 어떻게 해야 돈을 많이 벌 수 있나요?"라고 전문 투자자에게 질문을 했을 때 "주식은 쌀 때 사서 비쌀 때 팔면 됩니다."라고 알려 주는 것밖에 되지 않습니다.

하지만 이 책은 "지금 주식을 사고 지금 주식을 파시면 됩니다."라고 친절하게 알려 줍니다. 이렇게 실전 노하우만을 그야말로 디테일하게 담은 것이 『THEMENT』가 기존 스피치 서적들과 다른 점입니다.

처음 무대에 서고 싶은 사람들에게 한마디

처음 전문 MC를 직업으로 해야겠다고 마음먹고 난 뒤에는 고민이 한두 가지가 아니었습니다.

'어떻게 해야 사람들 앞에서 재미있게 말할 수 있을까?'

'어떻게 해야 사람들의 몸과 마음을 움직일 수 있을까?'

'어떻게 해야 감동을 줄 수 있을까?'

이런 고민의 해결책은 모두 '멘트'에 있었습니다.

지금 이 책을 보시는 분들이 멘트라는 강력한 무기를 가지게 된다면 많은 대중들이 당신 앞에 있더라도 자신감 있게, 재미있게 말할 수 있을 것입니다.

MC 유성에게 멘트란?

나는 어려서부터 늘 작은 키가 스트레스였습니다. 지금도 '그때 우유를 많이 먹을걸……' 하고 후회하곤 합니다. 저희 아버지는 지금이라도 우유를 먹으면 키가 큰다고 하시지만 현실적으로 불가능한 것을 알기에 선택한 것이 바로 '키높이 깔창'이었습니다.

저는 시중에 키높이깔창이 나오기 훨씬 전인 고등학교 1학년 시절(2001년)부터 착용했기 때문에 나름 키높이깔창에 있어서 얼리어답터라고 자부할 수 있습니다. 그때는 키높이깔창이 판매되지 않아서 누나의 스타킹에 양말과 휴지 같은 것을 넣어서 깔창을 직접 만들어 신고 다녔습니다.

거의 13년이 지난 지금도 외출을 할 때는 키높이깔창을 꼭 신발 안에 깔고 다닙니다. 이 깔창이 없으면 누가 나를 계속 보는 것 같아 불안함을 느껴 언제나 깔창을 깔고 다닙니다. 제게 '멘트'가 무엇이냐고 물으셨죠?

제게 멘트란 '키높이깔창'입니다. 무대에서 나를 더 돋보이게 해 주는 자존심이죠.

이 책을 보면 누구나 재미있는 MC가 될 수 있나요?

MC 경력 15년을 걸고 자신 있게 "네!"라고 말할 수 있습니다.

이 책에 있는 멘트 10개만 외워서 직접 무대에서 사용해 보시면 '내가 이렇게 재미있는 사람이었어?'라는 자신감이 생기면서 재미있는 MC가 되실 수 있습니다.

말을 잘하는 것은 타고나는 거 아닌가요?

"저의 직업은 강사나 MC입니다."라고 말하면 "그런 일을 하려면 타고나야 하죠?"라고 되묻는 분들이 많습니다. 하지만 말을 잘하는 것은 결코 타고나는 것이 아닙니다. 저 같은 경우에는 어릴 적에 말을 더듬는 언어장애가 있었습니다. 초등학교 때 선생님이 책만 읽어 보라고 하면 심하게 더듬었고, 그 이유 때문에 저는 많이 놀림을 받았어요. 이렇게 말을 더듬는데도 사람들 앞에 서는 것은 좋아해서 초등학교 6학년 때 전교회장선거에 나가게 되었습니다. 막상 나가려고 하니까 딱 한 가지가 걱정되는 게 있었는데 그건 바로 소견 발표였습니다. 소견 발표를 할 때 말을 더듬으면 놀림거리가 될 것 같아서 포기할까 고민도 했지만 포기하기보다는 연습하는 길을 택했습니다. 집에서 연습 또 연습! 아무리 연습해도 고쳐지지 않았습니다. 목이 다 쉬어서 목소리가 나오지 않을 때까지 연습했는데도 계속 말을 더듬는 버릇이 고쳐지지 않았습니다. 아무리 해도 안 되는 나 자신에게 화도 나고 힘들어서 포기하려고 생각하고 침대에 누웠습니다. 모든 걸 포기하고 누워 있다가 '마지막으로 한 번만 더 읽어 보자.' 이런 생각으로 읽어 봤는데 처음으로 말을 더듬지 않고 읽었습니다. 그때 저의 문제점도 정확하게 파악할 수 있었습니다. 그것은 바로 '생각'이었습니다. '나는 더듬는 사람이다.'라고 생각하고 읽을 때는 말을 더듬었는데 힘이 빠지고 부담이 없는 상태에서 말을 하니까 술술 너무 잘 나왔습니다. 그렇게 성공적으로 소견 발표를 마쳤고, 말더듬이 초등학교 6학년 학생이었던 저는 소견 발표 하나로 전교회장에 당선될 수 있었습니다. 제가 어린 나이에 있었던 일이지만 저는 그때의 경험으로 지금 MC가 되었습니다. 저는 말을 잘하지 못한다고 말하는 사람들에게 이렇게 말하고 싶어요!

"말을 못한다는 생각이 말을 못 하는 사람을 만든다."

MC 하는 사람 외에 추천

정치인, 교사, 성공 강사, 영업사원, 개그맨 등 많은 사람들 앞에서 재미있게 말하고자 하는 사람들에게 추천하고 싶습니다.

특히 이런 분들께는 강추하고 싶습니다. 내가 말하면 분위기가 갑분싸 되는 분들, 엄근진(엄격, 근엄, 진지)가 몸에 배어 있는 분들이 이 책을 보고 유머러스한 사람이 되셨으면 좋겠습니다.

마지막으로 독자들에게 하고 싶은 말

이 책에는 16년 동안 MC 멘트 노하우가 99% 담겨 있습니다.

나머지 부족한 1%는 본인의 열정과 노력으로 채워야 합니다. 마지막으로 모든 독자분들께 감히 제가 한 가지 약속을 드리겠습니다. 책을 다 읽는 순간 다른 사람들 앞에 서는 것을 절대 두려워하지 않게 될 것이며 무대에서 지금보다 10배는 더 재미있는 사람이 되어 있을 것입니다.

궁금한 것이 있을 때는 언제든지 카카오톡 1:1 대화!

MC는 무엇인가?

영어사전에서 찾아보면 MC는 Master of Ceremonies로 **진행자**라는 뜻이다. 진행자를 다시 국어사전에서 찾아보면 행사나 오락 프로그램 따위의 진행 과정을 주도하는 사람이다. 한마디로 '**진행자 = MC**'이다.

진행자(MC)에게 가장 중요한 것이 무엇일까? 리더십? 유머? 순발력? 등등 모두 맞는 말이다. 그렇다면 리더십, 유머, 순발력, 어디에서 나올까? 바로 **MC의 멘트**에서 나온다. 멘트로 리더십 있게 이끌어 가기도 하고, 유머러스하게 웃기기도 하고, 순발력 있게 넘어가기도 한다.

그렇다면 MC에게 멘트는 무엇인가?

사람들은 "어처구니가 없다"는 말을 많이 한다.

'어처구니'? 이게 무엇일까? 무엇이기에 없으면 그토록 당황스러운 건지 궁금했다. 그래서 인터넷 검색을 해 보니 맷돌의 손잡이를 어처구니라고 한단다. 어처구니가 없으면 맷돌을 돌릴 수가 없는 것이다!

MC에게 멘트란?

어처구니 같은 것이다. 없으면 당황스럽고 너무 힘들어지는 것!

그것이 MC에게 멘트라는 것이다.

1장 MC와 멘트

GOOD 멘트, BAD 멘트?

사람들을 만나 보면 좋은 사람도 있고 나쁜 사람도 있듯이 **멘트에도 좋은 멘트와 나쁜 멘트가 있다.** 흑백 논리로 무조건 좋다/나쁘다로 나눌 수는 없지만 필자가 생각하는 좋은 멘트는 대상들에게 감동과 행복을

주는 멘트이고, 안 좋은 멘트는 대상들에게 상처를 주는 멘트이다.

진행자는 자신의 말 한마디로 대상들에게 평생의 상처를 줄 수 있다는 생각을 늘 갖고 있어야 하는데 그래서 MC에게 필요한 것이 좋은 멘트이다.

지금부터 좋은 멘트는 어떻게 하는 것인지 어떤 멘트가 좋은 것인지에 대해 알아보자!

🔊 **좋은 멘트 포인트 1. 진심을 담은 멘트를 해라!**

모든 말에 **진심이 없다면** 그것은 말이 아니라 **죽은 고깃덩어리**에 불과하다. 필자는 평소에 "넌 너무 가벼워 보여!", "네가 말하면 믿음이 안 가!"라는 말을 자주 듣곤 했다. 그땐 그 말의 뜻을 알지 못했다. 그러다 군에 있을때 해군 홍보단 MC 선임이자 친구인 KBS 개그맨이자 미남 배우 김기리가

내게 이런 말을 했다.

> 김기리 상병: 넌 말할 때 진심이 전혀 안 느껴져. 가식적이라고 해야 하나?
> 유성 일병: ……?
> 김기리 상병: 그러니까! 머리로 생각하고 가슴으로 느껴서 말을 하면 좋
> 을 것 같아.

그 당시에는 기리의 말이 무슨 뜻인지 이해하지 못했다. 하지만 점점 많은 사람들과 대화를 하게 되면서 차츰 진심으로 말한다는 의미를 이해할 수 있었다.

'한마디를 하더라도 진심을 담아서!'

진심을 담아서 말하면 상대방도 진심으로 다가온다. **진심이 들어간 멘트는 사람들이 나를 따라오게 만들고 대상들을 진심으로 웃음 짓게 하고 진정한 감동을 준다.**

◀)) 좋은 멘트 포인트 2. 무조건 웃기려고 하지 마라!

초보 MC들이 **가장 많이 실수하는 것** 중의 하나가 '**무조건 웃기려고 하는 것**'이다. 진행자에게 있어서 대상들에게 웃음을 주는 것은 굉장히 중요하다. 하지만 그것이 진행의 전부가 아니다. 웃음을 많이 주는 것이 실력의 척도라고 생각하는 사람들도 있겠지만, MC는 진행을 하는 사람이지 웃기는 사람이 아니다. 물론 진행자에게 위트는 필수 요소이다. 여기서 위트란 중간중간 적재적소에 MC가 한마디씩 던져서 재미있게 진행의 흐름을 이끌어 가는 것이지, 시종일관 웃기기 위해서 말장난하고 대상의 단점을 까는 멘트를 하는 것이 위트가 아니다. 만약 이렇게 진행을 한다면 절대 좋은

MC가 될 수 없을 것이다. 이렇게 무조건 남을 웃기기 위해서 멘트를 하다 보면 멘트가 점점 자극적이 되고 이런 멘트들 때문에 어떤 사람에게는 평생의 상처가 될 수도 있다. 좋은 멘트를 하려면 웃기려고 하기보다는 대상을 즐겁게 해 주려는 마음가짐을 갖는 것이 중요하다.

예를 들어 정말 못생긴 사람이 나왔을 때,

"정말 억울하게 생기셨네요!"

"거울 볼 때마다 깨버리고 싶지 않으세요?"

이렇게 멘트를 하면 관객들은 웃을 수도 있지만 당사자에게는 큰 상처가 될 수도 있다. 하지만 반어법을 사용하면 관객도 즐겁고 당사자도 전혀 기분 상하지 않게 된다.

예를 들어 못생긴 사람에게,

"정말 잘생기셨네요! 제가 봤을 때는 조인성 닮으셨어요! 정말이에요. 목 젖이 조인성이랑 똑같아요!"라고 말해도 똑같이 관객들의 웃음을 유발하고 당사자도 상처를 받지 않게 된다.

이처럼 상대방도 기분 나쁘지 않고 보는 사람도 기분 좋은 멘트로써 사람들에게 웃음을 주는 것이 좋은 멘트의 포인트다.

📢) 좋은 멘트 포인트 3. 늘 칭찬하고 배려하는 멘트를 해라!

영화를 보면 한 번 봐도 다시 보고 싶은 영화가 있고 음악도 자꾸 듣고 싶은 음악이 있다. 그런 것들을 흔히 사람들은 좋은 영화, 좋은 음악이라고 한다. 좋은 멘트도 마찬가지이다. **오래 기억되고, 자꾸 듣고 싶은 멘트가 바로 좋은 멘트**인 것이다.

자꾸 듣고 싶은 것? 사람들은 어떤 말을 자꾸 듣고 싶어 할까?

고래도 춤추게 한다는 그것은 바로 '칭찬'이다.

한 달에 이성을 100명 이상 만난 카사노바에게 비법을 물어보니 그 비법은 다름 아닌 '칭찬'이었다. 칭찬은 듣는 이를 기분 좋게 만들고 사람의 마음을 움직인다. 듣고 또 들어도 다시 듣고 싶은 말! 그것이 바로 칭찬이다.

늘 누군가의 장점을 찾아서 칭찬을 해라!

🔊) 좋은 멘트 포인트 4. 상황에 맞는 멘트를 사용해라!

주위에 보면 꼭 한마디 하면 분위기를 싸하게 만드는 사람들이 있다.

이런 사람들의 특징이 전체적인 상황을 이해를 못 하고 혼자 헛소리를 하는 사람들이다. 보통 이런 사람은 사람들 사이에서 아싸(아웃싸이더)가 된다. 이런 사람들은 점점 피하게 될 수밖에 없다. 진행자도 마찬가지이다.

전체적인 상황을 이해하지 못하면 관객들에게 외면받을 수밖에 없다.

상황 멘트를 잘하기 위해서는 모든 상황에 집중을 하고 있어야 한다.

예를 들어 무대에서 공연을 하거나 무대에서 누군가가 이야기를 하고 있을 때 그 무대에 집중해야만 상황에 맞는 멘트를 사용할 수 있다.

🔊) 좋은 멘트 포인트 5. 상대방의 말에 경청해야만 좋은 멘트가 나온다!

이 부분은 인터뷰 기법에 대한 내용이다. 진행에서 가장 어려우면서 쉬운 것이 바로 인터뷰 기법이다. 어려운 이유는 다음에 무슨 말로 인터뷰를 이어 가지…… 하는 생각에 긴장하게 되고 상대방의 말에 경청을 못 하게 되니 좋은 멘트가 나올 수가 없다. 인터뷰는 쉽게 생각하면 상대방과 이야기를 나누는 것이다.

진행자는 사람들이 말을 잘 할 수 있게 조금만 받쳐 주면 된다. 하지만 보통 초보 진행자들은 인터뷰를 통해서 무조건 웃기기만 하려고 한다. 그러다 보면 상대방의 마음을 다치게 하거나 전체적인 인터뷰가 산으로 가는 경우가 많다. 인터뷰는 상대방의 말을 경청하는 데서부터 시작한다.

상대방이 어떤 대답을 했을 때 자연스럽게 그 내용과 이어서 질문으로 멘트를 받아쳐야만 상대방은 편안하고 보는 사람들도 부담 없이 재미있는 인터뷰가 가능하다.

위의 포인트 다섯 가지를 기억한다면 좋은 멘트로
다른 모든 사람에게 웃음과 감동을 줄 수 있을 것이다.

② 멘트를 살려라?

　지미 키멜, 오프라 윈프리, 강호동, 신동엽, 유재석. **이들의 공통점**이 있다. 이들의 첫 번째 공통점은? **최고의 진행자**라는 것이고 두 번째 타고난 센스가 있다는 것이다. 게다가 진행자들은 더 많은 정보를 얻기 위해 각고의 노력을 기울인다. 책도 보고, 메모도 하고, TV 모니터도 많은 사람들을 만나고 이야기를 나눈다. 센스는 무작정 찾는다고 해서 찾아지는 것이 아니고 만들어야겠다고 마음먹는다고 해서 바로 만들어지는 것도 아니다.

　주변에 말하는 것을 보면 진짜 재미없고 누가 봐도 사람들이 싫어하는데 계속 이야기하는 사람들이 있다. 이런 사람들이 센스가 없는 것이다. 센스란 분위기를 보고 순발력 있게 그 분위기에 맞는 멘트를 말하는 능력이다. 이런 사람들은 센스가 있는 사람이 되기 위해선 각고의 노력이 필요하다. 상황에 대한 멘트를 잘 기억하고 전체적인 상황을 직시하면서 멘트를 한다면 무대에서만큼은 센스 있는 진행자가 될 수 있는 것이다.

　그렇다면 멘트를 어떻게 사용해서 센스 있는 진행자가 될 수 있을까?
　아무리 좋은 멘트를 외우고 있어도 그 멘트를 잘 살리지 못한다면 그 멘트는 엔진 없는 슈퍼카와 다름없다. 아무리 재미있고 감동적인 멘트라 해도 MC가 잘 살리지 못한다면 그것은 쓰레기와 다름없다.

지금부터 어떻게 하면 멘트를 잘 살릴 수 있는지 배워 보자!

① 멘트 심폐 소생술

똑같은 이야기를 하는데도 재미있게 말하는 사람이 있는가 하면, 같은 이야기인가 싶을 정도로 지루하고 재미가 없게 말하는 사람이 있다.

물론 이야기가 재미없는 이유에는 여러 가지가 있겠지만 사람들이 이야기할 때 가장 많이 하는 실수가 있다.

가령 방송에서 본 재미있는 장면을 이야기할 때 재미없게 말하는 사람들은 재미있는 부분만 쏙 빼서 그 부분만 이야기하는 경우가 많다. "제가 〈안녕하세요〉를 봤는데요. 거기서 신동엽이 다이어트 중에서 가장 최고의 다이어트가 이별 다이어트래요! 완전 웃기죠?"

이야기를 마친 뒤의 분위기는 썰렁하기만 하다. 그러면 얘기한 사람은 속으로 'TV로 볼 때는 재미있었는데 이 사람들 웃음이 없는 사람들이네.' 이런 생각을 하는데 이것은 앞의 상황은 다 빼고 자신이 느끼기에 재미있던 부분만 이야기한 본인에게 잘못이 있다. 예를 들어 "저는 현재 KBS 공채 24기 개그맨, CF 모델, 영화배우 등 여러 방면에서 활동을 하고 싶은 사람입니다."라는 멘트를 하면, 재미없게 말하는 사람은 중간 설명은 다 빼고 "저는 방송 활동을 하고 싶은 사람입니다."라고 말한다. 이렇게 중간 설명은 다 빼고 말하면 코믹 멘트가 한순간에 다큐 멘트가 되는 것이다. 이 부분이 초보 MC들이 멘트를 할 때 가장 많이 하는 실수이다. '감'이 없기 때문에 어디가 중요한 것인지 모르고 자신이 웃겼던 부분만 쏙 빼서 멘트를 하는 것이다.

위의 멘트에서 중요한 부분은 **'KBS 공채 24기 개그맨, CF 모델, 영화배우, 여러 방면에서 활동을'**이다. **'하고 싶은 사람입니다!'**에서 웃겼다고 해서 그 부분만 말하면, 듣는 사람들은 '이 사람의 꿈이 연예인이구나!'라고 생각할 수밖에 없는 것이다. 초보 MC가 가장 많이 하는 두 번째 실수는 멘트의 타이밍에 있다. 멘트에 있어서 가장 중요한 것 중의 하나가 '타이밍'이다. 이 '타이밍'이 맞느냐 맞지 않느냐에 따라서 웃음의 데시벨이 달라진다. 가령 키가 작은 MC가 키가 큰 사람이 나왔을 때 많이 하는 멘트가 있다.

MC: 키가 상당히 크시네요! 키가 어떻게 되세요?

관객: 185㎝요!

MC: 잘난 척하지 마!

이 멘트에서 웃음을 주는 포인트 부분은 **"잘난 척하지 마!"**인데, 이 포인트의 타이밍이 굉장히 중요하다. 이 부분의 가장 좋은 타이밍은 관객이 "185㎝요!"라고 말하는 순간 **오버랩(상대방의 대답이 나오자마자 바로)**으로 **"잘난 척하지 마!"**라고 멘트를 하는 것이다. 만약 관객의 대답 후에 시간 간격을 두고 **"잘난 척하지 마!"**라고 멘트를 하면 웃음의 강도는 현저히 떨어진다. MC는 이렇게 멘트를 할 때 늘 전체를 볼 줄 아는 안목과 타이밍을 몸에 익히고 있어야 멘트를 살릴 수가 있다.

② 몸으로 익힌다?

필자가 진행을 하면서 가장 기분 좋은 순간이 언제냐고 물으면 재미있는 멘트를 했을 때 관객들에게서 박장대소 웃음이 나오고, 감동적인 멘트를 했을 때 사람들이 감명을 받는 것이 느껴질 때라고 답한다. 이렇게 사람들의 멘트에 반응하는 데는 모두 이유가 있다. 특히 관객들이 들었을 때 감동과 재미를 느끼는 멘트들은 모두들 그렇게 될 만한 요소들을 반드시 갖추고 있다.

그 요소 중의 하나가 바로 전체를 보는 것이다. 그래야만 멘트를 100% 잘 살릴 수 있다. 초보 진행자는 이런 점을 간과하고 누군가의 멘트가 재밌었다고 무대 위에서 그것을 그대로 썼다가 실수하는 경우가 많다.

가장 중요한 것은 멘트가 재밌었다고 해서 그대로 써먹기만 할 것이 아니라 그 멘트가 왜 재밌고 감동적이었는지 의문을 가져야 한다는 것이다. 이는 우연히 들은 멘트만이 아니라 일상에서 접한 것도 충분히 응용할 수 있다.

길을 지다가도 감동적인 문구를 봤을 때, TV나 라디오 혹은 친구와 이야기를 나누다가 재치 넘치거나 유머러스하다고 느낄 때, **'왜?'라는 의문을 가지면 그 문구나 이야기 안에 있는 중요한 요소를 발견할 수 있다.**

그런 요소들을 잘 파악하고 응용한다면 어떤 상황에서도 전혀 어색하지 않게 멘트를 할 수 있고 또 MC가 의도한 대로 웃음과 감동을 관객들에게 그대로 전할 수 있다. 더불어 중요한 요소와 적절한 멘트 버릇처럼 몸에 익히면 어떤 멘트를 하건 100% 성공할 수 있다.

재미있는 멘트의 법칙

    세상의 수많은 직업들 중에서 가장 어렵고 힘든 직업 하나를 꼽으라고 하면 나는 개그맨을 꼽을 것이다. 아이디어 회의로 밤을 새우는 것은 다반사고, 평소에도 '어떻게 사람들에게 웃음을 줄 수 있을까?'를 계속 궁리해야 하기 때문이다. 세상에서 가장 힘든 것이 사람을 웃기는 것이라고 말하는 사람들도 있다. 앞에서는 웃음을 주지만 개그맨들은 한 번 웃기기 위해 10번, 100번의 눈물을 흘린다. 이렇게 개그맨들은 웃기기 위해서 늘 아이디어에 목말라 하고 좋은 아이디어를 찾기 위해 갖은 노력을 한다. 그만큼 다른 사람을 웃기는 일이 쉽지가 않다. 하지만 모든 개그에는 공식이 존재하는데, 이 공식만 대입하면 누구나 재미있는 멘트를 만들 수 있다! **지금부터 지금까지 공개되지 않았던 개그맨들만의 불문율 같은 몇 가지 법칙을 알려 주겠다.**

① 반복의 법칙(BB 법칙)

TV 개그 프로그램을 보면 계속해서 같은 말이나 개그를 반복하는 경우가 있다. 하지만 이를 보는 사람들은 식상하고 지루하게 느끼는 것이 아니라 오히려 웃음을 유발하고 일상에서 자신도 모르게 그 말을 하게 된다. 그렇게 그 말들이 퍼져서 유행어가 되기도 한다. 그런데 어떻게 반복이 웃음을 주게 되는 걸까?

지금부터 웃음을 유발하는 멘트 반복의 법칙에 대해 알아보자. 먼저 반복은 관객들이 보기에는 애드립으로 인식하기 때문에 관객들은 애드립 좋은 프로페셔널한 MC라고 인식하게 된다. 하지만 이 반복은 고정 멘트처럼 철저히 계산된 것이다. 다만 고정 멘트와는 다르게 자연스럽게 나와야 한다. 그럼 어떻게 해야 'BB 법칙'을 자연스럽게 사용할 수 있을까? 먼저 오프닝 멘트에 자연스럽게 **'BB 법칙 장치(BB 법칙을 사용하기 위한 사전에 장착해 놓는 장치)'**를 심는 것이 좋다. 관객들에게 웃음을 주기 위해서 준비를 하는 것이다.

BB 법칙 장치의 예: 무대에 있을 때 인사를 하면 튀고 싶어 하는 사람들이 꼭 있습니다. (없는 경우 무조건 찾으려고 하지 않으셔도 됩니다.)

그런 사람들이 BB 법칙 장치에 적합한 사람이죠! 튀는 사람에게 선물을 주면서, "이분은 오늘 끝나고 도핑테스트 부탁드립니다."라고 말하면 **'BB 법칙 장치'**의 장착이 끝난다. 이 'BB 법칙 장치'는 지뢰와 같아서 누군가가 밟으면 뻥 하고 터지게 된다. 진행자는 누군가가 밟기를 기다리기만 하면 된다. 일단 장치를 장착했으면 하던 대로 계속 진행을 하면 된다. 이렇게 진행하다가 이상한 사람이 나오면 "저분 하고 함께 도핑테스트 부탁드리겠습니다."라고 멘트를 던지는 순간, 공들여 장착한 'BB 법칙 장치'가 지뢰처럼 펑 하고 터지면서 웃음이 나온다. 그러면 관객들은 '정말 순발력 있고 재미있는 MC구나!'라고 생각하게 되는 것이다. 예전에 진행하면서 이런 경우도 있었다.

마술사가 공연을 하는데 비둘기가 공연장 세트의 높은 곳으로 날아가 버렸다. 결국 마술사는 공연이 끝났는데도 불구하고 비둘기 때문에 돌아갈 수 없었다. 행사가 모두 끝나야 세트 높은 곳에서 비둘기를 데려갈 수 있었다. 이 때문에 마술사는 상당히 곤란을 겪었지만 나에게는 이 비둘기가 바로 **'BB 법칙 장치'**가 되었다. 자연스럽게 행사 진행을 하다가 중간중간 잊을 때쯤, "우리가 이렇게 웃고 떠드는 순간에 비둘기가 알을 낳았네요." 이런 멘트를 하는 것이다. 또 재미없는 개인기를 하는 참가자가 나왔을 때,

"저 비둘기가 더 재밌는 거 같아요!"

"비둘기가 비웃고 있습니다!"

하면서 반복적인 멘트, 즉 **'BB 법칙'**을 써서 관객들에게 큰 웃음을 주었고, 성공적으로 진행할 수 있었다. 하지만 이렇게 많은 웃음이 나온다고 해서 **'BB 법칙'**을 남용하면 관객들은 쉽게 질리고 만다. MC의 진행에 대한 몰입도 역시 떨어지게 된다. 이 점을 유의하고 관객들의 반응을 예의 주시해서 어떤 순간에 어떤 멘트를 해야 관객들을 사로잡을 수 있을지 계속 고심하고 노력해야 한다면 **'BB 법칙'**을 활용해서 **재미있는 진행**을 할 수 있을 것이다.

② 공감대 형성의 법칙

누군가가 내게 **"여러 가지 개그 중에 가장 큰 웃음 나오는 개그가 무엇이냐?"**라고 묻는다면 단연 **'공감대 개그'**를 꼽을 것이다. 성공한 개그 코너들은 관객들이 공감할 만한 요소를 많이 가지고 있다. 그 때문에 이런 프로그램에서 공감대 아이디어를 얻으면 많은 사람들이 공감하는 멘트를 찾는 데 유용하지만 공감대 아이디어만 있다고 해서 공감대 형성을 할 수 있는 것도 아니다. 무대에 서는 사람이라면 관객들과 공감대를 형성하는 것이 매우 중요하다. 공감대에 대한 쉬운 예를 하나 들어 보도록 하겠다. 내 친구들 중에는 굉장히 재밌는 친구가 있다. 나는 이 친구와 오랜 시간 함께해 왔고 이 친구의 캐릭터나 말투를 잘 알기 때문에 이 친구가 무슨 말을 하든, 어떤 행동을 하든 재미있다. 그간 어울리며 많은 대화를 나누었고 다양한 추억을 쌓았으며 서로의 생각이나 행동의 이유를 잘 안다. 서로 간에 공감대는 넓어지고 상대방의 흥미를 잘 파악하게 된다. 그런 흥미로운 대화를 자주 나누게 되면 당연히 친구의 말이 재미있게 느껴진다. 하지만 이 친구에 대해 잘 알지 못하는 사람들은 '이 사람이 뭐가 재미있어?'라는 생각을 하게 된다. 인지도가 높은 개그맨들이 처음 봐도 재미있게 느껴지고 누구나 쉽게 마음의 문을 열 수 있는 이유는 방송을 통해 많이 봐 왔고, 그 개그맨의 캐릭터를 알고 있기 때문이다. 하지만 연예인이 아닌 처음 보는 사람들과 단시간에 공감대를 형성하는 일은 그리 쉽지 않다. MC가 관객들과 공감대를 형성하려면 사전에 관객들이 어떤 사람들인지 미리 정보를 알고 가는 것이 좋다. 쉬운 예로 여러분이 소개팅에 나갔다고 치자! 미리 주선자를 통해 상대방의 직업, 취미, 특기, 혈액형 등을 파악하면 처음 만났을 때 상대방이 관심을 가질 만한 부분을 주제로 풍부한 대화를 나눌 수 있다. 또 자신의 경험이나 생각도 함께 더해서 말하면 처음 만났더라도 상대방은 통하는 부분이 많다고 생각하고 자연스럽게 공감대를 이루게 된다.

MC도 마찬가지다. 관객들과 공감대를 형성하려면 행사를 진행하는 기업체나 학교에 관해 사전에 조사하는 것이 좋다. 이런 자료들은 기업체나 학교는 관련 홈페이지에 접속하면 쉽게 자료를 찾을 수 있고, 만약 없다면 행사 담당자에게 쉽게 구할 수 있다. 이런 자료들을 통해서 행사에 참여하는 직원이나 학생들이 잘 알 수 있을 뿐 아니라 현재 관심이 많은 부분에 관해 자연스럽게 이야기할 수 있다. 만약 학교 축제에서 진행을 맡게 되었다고 가정할 때에는 이러한 오프닝멘트를 할 수 있다. 예전에 해군 홍보단 MC병이었을 때, 고려대학교 행사를 진행한 적이 있었다. 고려대 학생들과 공감대를 형성하기 위해 고려대를 다니는 친구에게 연락하여 공감대를 형성할 수 있을 만한 것들이 무엇이 있는지 물어보았다. 고대생이라면 누구나 한 번쯤은 가 보았을 학교 앞 삼성통닭과 영철버거에 대해서 알려 주었고 이 두 가지로 공감대를 형성했었다.

MC: 고대는 자랑할 것이 너무 많은데요. 특히 눈에 띄게 자랑할 점은, 높은 취업률입니다. 그중에서도 대기업 취업률이 타 대학에 비해 월등히 높은데요. 제 친구 중에 2명이 고대에 다니고 있는데 열심히 공부해서 얼마 전에 대기업에 취직했다고 자랑을 하더라고요. 부러워서 어디서 근무를 하냐고 물어보니까 요 앞에 삼성통닭에서 일하고 있더라고요. 한 명은 영철버거에 있고요.

이렇게 별거 아닌 듯한 소소하고 익숙한 정보 하나로 학생들과 큰 공감대를 형성할 수 있었다. 일단 공감대를 형성하면 웃음도 웃음이지만 관객

들의 집중도부터가 달라진다. 공감대 형성의 법칙을 이용하면 관객들의 이목을 집중시킬 수 있고, 자연스럽게 웃음을 이끌어 낼 수 있다.

- 『재미있는 멘트의 법칙』

3B 멘트 공식

🔊) 3B(비교, 비유, 반전) 공식

무대에서 진행하는 사람들은 언제나 좋은 멘트를 만들기 위해서 노력한다. 그것이 애드립이 되었건 고정 멘트가 되었건 진행자로서 사람들에게 웃음을 주려면 무엇보다 재미있는 멘트를 적재적소에 하는 것이 중요하다! 그렇다면 재미있는 멘트는 어떻게 만드는 것일까?

먼저 TV의 말 개그를 생각해 보면 쉽게 알 수 있다. **말 개그에 빠지지 않는 3가지 요소는 B(비교), B(비유), B(반전)**이다.

필자는 이것을 **3B 공식**이라고 칭한다. **이 3B 공식만 있다면 누구나 쉽게 재미있는 멘트를 만들고 활용할 수 있다.**

① 3B 법칙(비유와 비교)

먼저 3B 법칙의 비유와 비교에 대해 알아보자. 말을 잘하는 사람들은 말할 때 언제나 비교(사물을 견주어 서로 간의 유사점이나 차이점을 찾음)와 비유(어떤 현상이나 사물을 비슷한 현상이나 사물에 빗댐)를 사용한다. 사실 멘트에 **비유가 없다면 그 멘트는 향기 없는 꽃이자 껍데기뿐인 홍합탕이자 햄 없는 부대찌개일 뿐이다.** 그만큼 비유는 멘트에서 매우 중요한 요소이다.

또 **비교**는 음식에 첨가하여 맛을 살리는 **조미료 같은 역할을 한다.** 먼저 여성을 꽃에 '비유'하면 "이 여성분은 아름다운 장미 같으세요!", "이분은 청초하고 순결한 백합 같으세요!"처럼 응용할 수 있다. 만약에 여성을 다른 사람과 '비교'했을 때는 "오늘 아름다운 여성분들이 많이 오셨어요. 앞에 계신 이분은 아름다운 장미 같으시고 이분은 청초한 순결한 백합 같으시고 이분은 해바라기 같으세요. 머리가 굉장히 크시네요. 뒤에 분이 안 보이시겠어요."처럼 쓸 수 있다. 관객의 아름다움을 비유와 비교를 사용하면 "앞에 계신 여성분은 프리티하시고 이쪽 분은 뷰티하시고 이쪽은 이티??" 또 향기를 비유와 비교를 사용하면 "제가 코가 민감해서 냄새를 잘 맡는데 앞에 있는 관객들 향수를 한번 맡아보겠습니다. 이분은 페레가모 향수를 쓰시고요! 이분은 샤넬을 쓰시고요! 이분은 페브리즈 쓰시나 봐요? 아로마 향 쓰시죠? 저도 고기를 먹은 다음 날 그 향 쓰는데……"와 같이 익살스럽게 응용할 수 있다. 비유법을 잘 구사하는 연예인으로는 방송인 지상렬이 있다.

"○○ 씨, 오늘 혀로 드리블 좀 되네?"

"○○씨한테 말 좀 시켜 주세요. 입에서 녹물 나오겠어요."

"오랜만에 맛난 거 먹으니까 혀가 널을 뛰면서 이렇게 말해요. 기브 미, 기브 미!"

"네가 뭔데 내 인생에 깜빡이를 켜고 들어와?"

"네가 언제부터 내 인생의 리모컨을 쥐었어?"

"네가 언제부터 내 인생에 댓글을 달았어?" 등등

방송인 지상렬의 멘트에는 언제나 비유가 들어 있다. 비교는 개그 프로그램에서 쉽게 찾아볼 수 있다. 바보 역할, 똑똑한 역할, 뚱뚱하고 못생긴 역할, 날씬하고 예쁜 여자 역할 등 서로 대비되는 사람들이 나와서 비교를 통해서 웃기는 코너가 많다. 위인들도 비교법을 사용했는데 가장 대표적인 위인으로 역대 미국 대통령 중에서 가장 존경받는 인물인 링컨이 있다. 자연스러우면서도 정곡을 간파하는 링컨의 비유법은 매우 돋보인다. 언젠가 시카고에서 활동하고 있는 여러 목사들이 대통령에게 노예 문제에 관한 충고를 하기 위해 워싱턴으로 왔다.

한 목사가 자신들의 의견이 적힌 문건을 내밀며 '하나님이 당신에게 보내는 메시지'를 가지고 왔다고 말하자 링컨은 부드럽고 완숙한 눈빛으로 그들을 바라보면서 이렇게 말했다.

"그 축복된 메시지를 나에게 줄 수 있는 유일한 통로가 너무나 부도덕한 시카고의 도시를 빙 돌아오는 길이라는 점이 가슴 아프군요!"

이렇게 비유와 비교의 법칙을 이용하면 자연스러운 웃음을 주고 상대방에게 깨달음을 안겨 줄 수 있는 멘트를 만들어 낼 수 있다.

많은 사람들이 반전 영화를 좋아한다. 대표적인 영화로는 〈나비효과〉, 〈식스센스〉, 〈쏘우〉 등이 있다. 이런 반전 영화의 가장 큰 매력은 마지막까지 스토리를 예측하기 힘들다는 점이다. 사람들은 그런 매력 때문에 반전 영화에 더 빠져든다. 필자는 이 **반전의 매력을 멘트에 적용해서 새로운 법칙**을 만들었다. 그것이 바로 '**3B 반전 법칙**'이다. 이 '**3B 반전 법칙**'을 가장 능숙하고 재미있게 사용하는 MC는 신동엽이다. **신동엽의 멘트에는 언제나 반전이 있다.**

· **신동엽 토크(괄호 안의 굵은 글씨가 반전)**
동엽: (진지한 사업 실패 얘기) 마음고생을 너무 많이 해서 한 8kg이 빠졌었죠! 사람들이 물어보면 저는 자신 있게 권할 수 있는 (**다이어트 중에 최고가 마음고생 다이어트인 것 같아요!**)

· **신동엽 반전 인터뷰**
동엽: 어디 사세요? (게스트: 강남구 대치동이요.)
동엽: (아! 살고 싶은 곳 말고요.)

이처럼 **신동엽**은 멘트의 웃음 포인트로 **반전**을 자주 이용한다. '3B 반전 법칙'은 무엇보다도 예상하지 못한 즐거움을 주는 멘트를 만들 수 있다.
그러면 '3B 반전 법칙'을 어떻게 이용해야 유용한 멘트를 만들 수 있을까?
'**3B 반전 법칙**'에서 가장 중요한 것은 **반전을 준비하는 과정**이 구체적이고 디테일하되 평소 말하듯이 자연스러워야 한다는 점이다. 자세하게 구체적이고 디테일해야 하는 이유는 관객들에게 이야기가 실제라는 믿음을 주고 더욱더 효과적으로 반전을 주기 위해서다.

그렇다면 어떻게 설명하는 것이 구체적이고 디테일한 것일까?

아래에 *의 괄호 안에 있는 문장을 보면 이해가 될 것이다.

예) 이번 순서는 초대가수 거미 씨의 순서입니다. *(거미 씨는 저랑 2017년도에 저랑 방송을 같이하면서 처음 알게 되었는데요. 제가 오늘 이곳에서 행사를 한다고 하니까 바쁘신데도 불구하고 오시겠다고 노개런티로 와 주셨어요!)

반전: 하지만 여러분들도 아시다시피 거미 씨가 바닥을 기어 다니니까 밟지 않게 조심하시고요!

*은 위에 말한 것처럼 구체적으로 자세하게 **거미 씨는 저랑 2017년도에 저랑 방송, 노개런티로**…… 이런 멘트를 하면 사람들은 믿음이 생기고 "어, 진짜로 가수 거미가 왔어?"라고 생각하게 된다. 그러다 뒤에 반전을 알게 되면 웃음이 터지게 된다. 아래의 예를 보면 이해하는 데 더 많은 도움이 될 것이다.

예) 지금 보시는 기타리스트는 굉장히 유명하신 분입니다.

*(디테일한 설명: 여러분이 좋아하시는 〈불후의 명곡〉, 〈슈퍼스타 K〉를)

반전: 매주 시청하시는 시청자입니다. 여러분들과 똑같아요! 네티즌이죠.

*를 보면 이번에도 역시 〈**불후의 명곡**〉, 〈**슈퍼스타 K**〉…… 구체적이고

자세하게 나열하고 있다. 관객들은 MC가 이 부분을 말할 때 자세하고 정교하기 때문에 진실로 믿게 되고 자신이 생각했던 것과 전혀 다른 반전에 웃음이 터진다.

추가적으로 **'3B 반전 법칙'을 구사할 때 중요한 것**은 **반전을 주는 포인트**와 **타이밍**을 정확하게 잡아 주는 것이다. 설명만 하다가 반전을 줄 타이밍을 잡지 못한다면 그것은 고급 레스토랑에서 애피타이저만 먹다가 배가 불러서 메인 요리는 먹지 못하는 꼴이 된다. 그만큼 반전 타이밍이 중요한데 도대체 어떤 타이밍에 반전 포인트를 줘야 하는 것일까? 가장 좋은 타이밍은 사람들이 MC의 멘트에 믿음을 가질 때이다. 사람들이 믿을 수 있게 최대한 유도를 해서 그때 반전을 주는 것이다. 3B 반전 법칙과 반전 타이밍 그리고 몇 가지 자세하고 디테일하게 설명하는 것만 기억한다면 당신도 관객들에게 큰 웃음을 주는 반전 멘트를 만들어 낼 수 있다.

5 유성의 3B 멘트 공식 11선

위의 3B 공식을 적용한 멘트 공식이다. 괄호 안의 상황에 맞게 단어만 넣으면 누구나 재미있는 멘트를 할 수 있다!

MC 유성의 3B 멘트 공식을 이용해서 자신만의 재미있는 멘트를 만들어 보자!

공식

이 **(지역 혹은 회사)**에는 아름다운 분들만 계시다고 들었는데 오늘은 모두 **(장소)**에 가신 것 같습니다.

예) 오늘 사실 기대를 많이 하고 왔습니다. **(지역: 서울)**에는 아름다우신 분들만 계시다고 들었는데 다들 **(장소: 교회)** 가셨나 봐요? 농담입니다.

멘트 포인트

지역 축제나 회사 워크숍 등 어떤 행사에 가서든 사용할 수 있는 전천후 멘트이다. 이 멘트의 포인트는 앞부분은 정말 기대를 많이 한 것 같은 느낌으로 멘트를 하다가 반전 부분에서 (○○ 가셨나 봐요?)라고 질문을 던질 때는 실망한 듯한 느낌으로 멘트를 하는 것이 포인트이다.

공식 1을 이용해서 나만의 멘트를 만들어 보자!

(   )에는 아름다우신 분들만 계시다고 들었는데
(   )에 가신 것 같습니다.

(   )에는 아름다우신 분들만 계시다고 들었는데
(   )에 가신 것 같습니다.

(   )에는 아름다우신 분들만 계시다고 들었는데
(   )에 가신 것 같습니다.

(   )에는 아름다우신 분들만 계시다고 들었는데
(   )에 가신 것 같습니다.

(   )에는 아름다우신 분들만 계시다고 들었는데
(   )에 가신 것 같습니다.

공식

(회사 혹은 대학)에는 너무 아름다우신 분들만 계시다고 해서 항간에 떠도는 소문으로는 "얼굴 보고 뽑는 것이 아니냐?"라는 말이 있던데 제가 이렇게 직접 보니까 **(회사 혹은 대학 사람들의 특징 예: 얼굴 크기, 실력 등등)**으로 뽑는 것 같습니다.

예) **(대학: 이화여대)**에는 너무 아름다우신 분들만 계시다고 해서 기대를 많이 했습니다. 항간에 떠도는 소문으로는 "얼굴 보고 뽑는 것이 아니냐?"라는 말이 있던데 제가 이렇게 직접 보니까 무조건 **(특징: 실력)**으로 뽑는 것 같습니다.

추가 애드립: 이 앞의 분은 수석으로 들어오셨나 봐요! 농담입니다.

멘트 포인트

이 멘트의 포인트는 반전이다. 멘트를 잘 살리기 위해서는 "…… 제가 이렇게 직접 보니까"라는 멘트까지는 거침없이 쏟아 내고 잠깐 관객들 한번 봐 주고 나서 다음 멘트를 이어서 하면 멘트를 잘 살릴 수 있다. 이 멘트에서 중간에 관객들을 보는 **텀(term)**이 없이 이어서 멘트를 하면 관객들이 웃음 포인트를 놓치게 된다.

(   )에는 너무 아름다우신 분들만 계시다고 해서 항간에
떠도는 소문으로는 "얼굴 보고 뽑는 것이 아니냐?"라는 말이 있던데
제가 이렇게 직접 보니까,
(   )로 뽑는 것 같습니다.

(   )에는 너무 아름다우신 분들만 계시다고 해서 항간에
떠도는 소문으로는 "얼굴 보고 뽑는 것이 아니냐?"라는 말이 있던데
제가 이렇게 직접 보니까,
(   )로 뽑는 것 같습니다.

(   )에는 너무 아름다우신 분들만 계시다고 해서 항간에
떠도는 소문으로는 "얼굴 보고 뽑는 것이 아니냐?"라는 말이 있던데
제가 이렇게 직접 보니까,
(   )로 뽑는 것 같습니다.

(   )에는 너무 아름다우신 분들만 계시다고 해서 항간에
떠도는 소문으로는 "얼굴 보고 뽑는 것이 아니냐?"라는 말이 있던데
제가 이렇게 직접 보니까,
(   )로 뽑는 것 같습니다.

(   )에는 너무 아름다우신 분들만 계시다고 해서 항간에
떠도는 소문으로는 "얼굴 보고 뽑는 것이 아니냐?"라는 말이 있던데
제가 이렇게 직접 보니까,
(   )로 뽑는 것 같습니다.

(공식)

이분은 정말 (특징) 분이세요. 세계적인 (특정 직업)의 거장 (관련되는 인물)이 와서 이분의 (특징적인 부분)을 보고 너무 놀라서 설날까지 기다렸다가 세배를 하고 가겠어요!

예 1) 이분은 정말 (재미있는) 분이세요. 세계적인 (코미디)의 거장 (찰리 채플린)이 와서 이분의 (개그를 보고 너무 웃겨서) 설날까지 기다렸다가 세배를 하고 가겠어요!

예 2) 이분 정말 너무 (댄스를 잘 추세요), 세계적인 (댄스)의 거장 (마이클 잭슨)이 살아 돌아와서 이분의 (브레이크 댄스)를 보고 너무 놀라서 설날까지 기다렸다가 세배를 하고 무빙워크를 하면서 집에 가겠어요!

(멘트 포인트)

이 멘트는 비유법을 써서 "당신은 최고의 거장들보다 더 대단한 사람입니다."라고 칭찬하는 멘트이다! 이 멘트를 사용할 때는 정말로 모든 관객이 인정할 수 있는 실력을 보여 준 사람에게 사용해야 관객 모두가 멘트에 공감을 할 수 있다.

※ 멘트를 잘 살리는 포인트는 멘트를 전체적으로 약간 빠르게 하는 것이다.

이분은 정말 (   ) 분이세요.
세계적인 (   )의 거장 (   )이 와서
이분의 (   )를 보고 너무 놀라서 설날까지 기다렸다가
세배를 하고 가겠어요!

이분은 정말 (   ) 분이세요.
세계적인 (   )의 거장 (   )이 와서
이분의 (   )를 보고 너무 놀라서 설날까지 기다렸다가
세배를 하고 가겠어요!

이분은 정말 (   ) 분이세요.
세계적인 (   )의 거장 (   )이 와서
이분의 (   )를 보고 너무 놀라서 설날까지 기다렸다가
세배를 하고 가겠어요!

이분은 정말 (   ) 분이세요.
세계적인 (   )의 거장 (   )이 와서
이분의 (   )를 보고 너무 놀라서 설날까지 기다렸다가
세배를 하고 가겠어요!

이분은 정말 (   ) 분이세요.
세계적인 (   )의 거장 (   )이 와서
이분의 (   )를 보고 너무 놀라서 설날까지 기다렸다가
세배를 하고 가겠어요!

공식 1

오늘은 오늘 준비된 (상금/부상 등) 소개해 드리겠습니다. (상금 액수/상품 목록) 이런 거 다 있으실 것 같아서 다른 것을 준비했습니다!

공식 2

오늘은 (특별한 사람/요소 등) 있으실 것 같아서 이렇게 (신경 쓴 부분) 왔는데 (신경 쓰지 않은 상태) 올 걸 그랬네요!

예 1) 오늘은 오늘 준비된 (부상: 선물) 소개해드리겠습니다. (상품 목록: 먼저 3등 MP3, 2등 닌텐도DS, 1등 김치 냉장고) 이런 거 다 있으실 것 같아서 다른 것 준비했습니다!

예 2) 오늘은 (특별한 사람: 아름답고 섹시하시고 완벽한 분들이) 있으실 것 같아서 이렇게 (신경 쓴 부분: 차려입고 or 정장에 넥타이까지 하고)왔는데 (신경 쓰지 않은 상태: 그냥 추리닝 입고) 올 걸 그랬네요!

멘트 포인트

반전 멘트가 다 그렇듯이 이 멘트의 포인트도 먼저 사람들에게 믿음을 주고 나서 마지막에 반전을 주는 것이다. 처음에는 정말 선물 소개를 하는 것처럼 약간 흥분된 어조로 멘트를 하다가 마지막에는 차분하게 '있으실 것 같아서'라는 멘트로 반전을 주는 것이 이 멘트의 포인트이다.

오늘은 (   ) 있으실 것 같아서 이렇게
(   ) 왔는데 (   ) 올
걸 그랬네요!

오늘은 오늘 준비된 (   ) 소개해 드리겠습니다.
(   ) 이런 거 다 있으실 것 같아서 다른 것을
준비했습니다!

오늘은 (   ) 있으실 것 같아서 이렇게
(   ) 왔는데 (   ) 올
걸 그랬네요!

오늘은 오늘 준비된 (   ) 소개해 드리겠습니다.
(   ) 이런 거 다 있으실 것 같아서 다른 것을
준비했습니다!

오늘은 (   ) 있으실 것 같아서 이렇게
(   ) 왔는데 (   ) 올
걸 그랬네요!

공식

질문: 일상적인 질문도 좋다.

(대답을 하려고 할 때 순간적으로 MC가 대신 말한다.)

대답: 대상이 하면 재미있을 만한 대답

예 1) 이 옷 비싼 것 같은데 어디서 샀어요?

(대답을 하려고 할 때 순간적으로 MC가 대신 말한다.)

아, 평화 시장에서 싸고 좋은 물건 잘 구하셨네요!

예 2) 머리 너무 멋진데요?

(대답을 하려고 할 때 순간적으로 MC가 대신 말한다)

아, 블루클럽에서 싸고 저렴하게 잘 자르셨네요! 저는 청담동 헤어숍

에서 하신 줄 알았어요!

멘트 포인트

이 공식은 상대방이 대답을 하려고 할 때 MC가 순간적으로 반전 멘트를

함으로써 웃음을 주는 기법이다. 만약 "남자친구 있어요?"라는 질문에 상대

방이 "네."라고 단답형으로 대답했을 때는 "남자친구 어디 있어요?"라고 다

시 질문한다. 그러면 상대방이 구체적으로 대답하게 되고 그때 순간적으로

"역시 확인할 방법이 없죠!"라고 말하면 되는 것이다.

여기서 포인트는 상대방이 대답을 하기 전에 '재빨리' 마이크를 가지고

와서 재미있고 반전이 있는 대답을 하는 것이다.

공식 4를 이용해서 나만의 멘트를 만들어 보자!

(   )?

(대답을 하려고 할 때 순간적으로 MC가 대신 말한다.)

(   )!

(   )?

(대답을 하려고 할 때 순간적으로 MC가 대신 말한다.)

(   )!

(   )?

(대답을 하려고 할 때 순간적으로 MC가 대신 말한다.)

(   )!

(   )?

(대답을 하려고 할 때 순간적으로 MC가 대신 말한다.)

(   )!

(   )?

(대답을 하려고 할 때 순간적으로 MC가 대신 말한다.)

(   )!

(공식)

제 소개를 간단하게 하자면 **(자기 자랑)** 사람, 옆집에 살고 있습니다.

예) 제 소개를 간단하게 하자면, **(자기 자랑: 서울대학교 법학과를 졸업하고 사법 연수원을 좋은 성적으로 마친 뒤 지금 대법원에서 근무하고 있는)** 사람, 옆집에 살고 있습니다.

(멘트 포인트)

이 멘트에서 가장 중요한 것은 비교와 반전이다. 처음에는 자기 자랑을 하는 것 같았는데 알고 보니 옆집 사람이라는 내용이다. 이 멘트의 웃음 포인트는 두 가지이다. 하나는 소개하는 대상이 자신인 척 속이는 것이고, 또 하나는 보잘것없는 자기 자신과 스펙 좋은 옆집 남자를 비교하는 것이다. 모든 반전 멘트가 그렇듯이 이 멘트에서도 웃음 포인트를 잘 살리려면 반전 부분보다도 앞에 설명을 잘하는 것이 중요하다. 설명하는 내용이 마치 자신의 이야기인 양 자연스럽게 말하다가 반전 부분의 멘트로 자연스럽게 넘어가는 것이 이 멘트의 포인트이다.

공식 6을 이용해서 나만의 멘트를 만들어 보자!

제 소개를 간단하게 하자면,
(   ) 사람이 옆집에 살고 있습니다.

제 소개를 간단하게 하자면,
(   ) 사람이 옆집에 살고 있습니다.

제 소개를 간단하게 하자면,
(   ) 사람이 옆집에 살고 있습니다.

제 소개를 간단하게 하자면,
(   ) 사람이 옆집에 살고 있습니다.

제 소개를 간단하게 하자면,
(   ) 사람이 옆집에 살고 있습니다.

(공식)

네이버에서 이분을 검색하면 연관 검색어로 **(연예인/기타 비슷한 캐릭 터)**가 나올 것 같아요.

예 1) 네이버에서 이분을 검색하면 연관 검색어로 **(연예인: 수지)**가 나 올 것 같아요. 너무 아름다우세요!

예 2) 네이버에서 이분을 검색하면 연관 검색어로 **(연예인: 아웃사이 더)**가 나올 것 같아요. 말이 엄청 빠르시네요!

(멘트 포인트)

이 멘트의 포인트는 상대방의 캐릭터를 잘 파악해서 많은 사람들이 공감 할 수 있는 인물이나 대상으로 비유해서 말하는 것이다. 얼굴이 닮은 연예 인을 말해도 좋고, 사회적으로 이슈가 되는 단어를 말해도 좋다. 예를 들어 인상이 무서운 사람이 나왔을 때, "이분을 네이버에서 검색하면 연관 검색 어로 학교 폭력, 조폭, 이종 격투기 등등이 나올 것 같아요!" 이런 식으로 사 회적 이슈와 연결해서 대답을 잘 안하는 사람에게 "이분 마음이 개성공단 처럼 꽉 닫혀 있네요!" 등등 분위기나 상황에 맞게 바꿔서 사용하면 효과적 이다.

공식 7을 이용해서 나만의 멘트를 만들어 보자!

네이버에서 이분을 검색하면
연관 검색어로 (   )가 나올 것 같아요.

네이버에서 이분을 검색하면
연관 검색어로 (   )가 나올 것 같아요.

네이버에서 이분을 검색하면
연관 검색어로 (   )가 나올 것 같아요.

네이버에서 이분을 검색하면
연관 검색어로 (   )가 나올 것 같아요.

네이버에서 이분을 검색하면
연관 검색어로 (   )가 나올 것 같아요.

◀)) 〔유성의 3B 멘트 공식 8 | 비유, 반전, 비교 |〕

〔공식〕

(특정 요소)는 **(칭찬) (비교의 요소)**의 **(반전 비유)**이 느껴집니다.

예 1) **(특정 요소: 나이)**는 **(칭찬: 20대)**인데 **(비교의 요소: 나훈아)** 씨의 **(반전 비유: 연륜)**이 느껴집니다.

예 2) **(특정 요소: 얼굴)**은 **(칭찬: 상 남자)**인데 **(비교의 요소: 몸매)**는 **(반전 비유: 초등학생)**같이 느껴집니다.

〔멘트 포인트〕

이 멘트는 3B(비교와 반전과 비유)가 모두 포함된 멘트의 전형이다. 때문에 이 공식에 맞는 단어만 잘 대입하면 좋은 멘트를 만들어 낼 수 있다. 이 멘트의 포인트는 비유를 할 때 관객의 공감대를 얻어 낼 수 있는 인물을 선정해 내는 능력이다. 그러기 위해서는 대상들의 캐릭터와 전체적인 분위기를 잘 파악하는 집중력과 관찰력이 필요하다.

공식 8을 이용해서 나만의 멘트를 만들어 보자!

( )는 ( )데
( )의 ( )이 느껴집니다.

( )는 ( )데
( )의 ( )이 느껴집니다.

( )는 ( )데
( )의 ( )이 느껴집니다.

( )는 ( )데
( )의 ( )이 느껴집니다.

( )는 ( )데
( )의 ( )이 느껴집니다.

이분은 세계 유명 (특징적인 직업)과 (반전: 아주 보잘것없는 부분) 합니다/입니다.

예 1) 이분은 세계의 유명 **(특징적인 직업: 뮤지션)**들과 **(반전: 어깨를 나란히 할 수 있는 키를 가지신 분)**입니다.

예 2) 이분은 세계 유명 **(특징적인 직업: 기타리스트들)**과 **(반전: 같은 기타)**를 사용하십니다.

예 3) 이분은 세계 유명 **(특징적인 직업: MC들)**과 **(반전: 같은 마이크)**를 사용하십니다.

멘트 포인트

이 멘트의 웃음 포인트는 처음에는 '저 사람이 정말 대단한 사람이구나!'라는 믿음을 주었다가 아주 보잘것없는 부분이 같다고 반전을 주는 것이다.

여기서 중요한 포인트는 소개하는 사람이 관객들에게 정말로 대단한 사람으로 여겨지게끔 앞부분에 멘트를 하는 것이다. 예를 들어 기타리스트를 소개한다면 이 앞에 이런 설명을 덧붙이면 효과적이다.

설명: "다른 밴드 분들도 대단한 실력을 갖추시고 있지만 특히 저기 베이스 기타를 치시는 기타리스트분들과 세계 유명 **기타리스트분**들과 **같은 기타를 사용**하고 있으십니다." 이처럼 앞에 설명 부분을 디테일하게 구성하면 멘트를 더욱 잘 살릴 수 있다.

공식 9를 이용해서 나만의 멘트를 만들어 보자!

이분은 세계 유명 (   )과
(   )합니다/입니다.

이분은 세계 유명 (   )과
(   )합니다/입니다.

이분은 세계 유명 (   )과
(   )합니다/입니다.

이분은 세계 유명 (   )과
(   )합니다/입니다.

이분은 세계 유명 (   )과
(   )합니다/입니다.

⟨공식⟩

굉장히 **(감탄사)** 저는 거짓말하면 **(특정 행동)**.

예 1) 굉장히 **(감탄사: 아름다우시네요!)** 저는 거짓말하면 **(특정 행동: 손을 떨어요.)**

예 2) 굉장히 **(감탄사: 성격이 좋으신 것 같아요!)** 저는 거짓말하면 **(특정 행동: 시선을 못 마주쳐요.)**

⟨멘트 포인트⟩

이 멘트의 포인트는 칭찬을 하면서 동시에 어울리지 않는 행동을 통해 반전을 주는 것이다.

멘트를 시작할 때부터 이상한 행동을 하면서 관객들로 하여금 'MC가 갑자기 왜 저런 행동을 하지?'라는 의문을 주고는 반전을 통해 웃음을 준다. 이때 하는 행동을 처음에는 약간 소극적으로 했다가 왜 그 행동을 했는지를 말하고 나서는 오버해서 하면 된다.

공식을 이용해서 나만의 멘트를 만들어 보자!

굉장히 (   ). 저는 거짓말하면
(   )!

굉장히 (   ). 저는 거짓말하면
(   )!

굉장히 (   ). 저는 거짓말하면
(   )!

굉장히 (   ). 저는 거짓말하면
(   )!

굉장히 (   ). 저는 거짓말하면
(   )!

공식

단어의 앞뒤를 바꿔서 반전을 주는 멘트 공식.

예 1) 이분은 정말 완벽하신 것 같으세요! **'(키도) 잘생기시고 (얼굴도) 크고'**

예 2) 지금 의견 조율이 너무 안 되는데 이런 속담도 있잖아요! **'(배가) 많으면 (사공이) 산으로 올라간다.'**

멘트 포인트

이 공식은 사람들이 당연하다고 생각하는 말의 앞뒤를 바꾸어 말하면서 반전을 준다. 모든 반전 멘트가 그렇듯 이 공식에서도 가장 중요한 점은 고정관념을 깨는 것이다. 즉, 사람들 머릿속에 '이건 이렇게 말한다'라고 고정관념으로 인식되어 있는 말의 앞뒤에 단어만 바꾸어서 말하면 되는 것이다. 사람들의 머릿속에 고정관념으로 인식된 말들은 대개 속담이나 감탄사에 많다. 예를 들어 "얼굴이 → 잘생기셨어요, 키가 → 크시네요!"

이렇게 연결되는 문장에서 단어의 순서만 바꿔 주면,

"얼굴도 → 크시고, 키도 → 잘생기시고!"

이렇게 전혀 다른 문장이 된다. 사람들의 머릿속에 고정되어 있던 것들이 뒤바뀌면서 웃음이 나오게 하는 것이다. 이 공식의 포인트는 MC의 실수인지 아니면 의도한 것인지 모르게 평소 말하는 것처럼 자연스럽게 말을 하는 것이다. 개그 프로의 바보 캐릭터들도 이 공식을 많이 쓴다. 하지만 이 멘트 공식을 진행하는 내내 남발하면 정말 바보처럼 보일 수 있으니 한 번에 많은 웃음을 주기 위한 도구로 한두 번씩 쓰는 것이 좋다.

MC 유성이 알려 주는 진행 포인트

① 사람들을 억지로 끌고 가려 하지 말고 알아서 자연스럽게 따라올 수 있게 해라!

친누나가 내게 2살짜리 조카를 재우라고 한 적이 있다. 불을 끄고 조카를 침대에 눕혔는데 울고불고 난리가 났다. 달래 가며 재우려고 하는데 소용이 없었다. 결국은 누나에게 SOS를 청했다.

"누나, 도대체 얘 어떻게 재워?"

"억지로 재운다고 자냐? 같이 누워서 책이라도 읽어 주든가 업어 주든가 해야 애가 잠을 자지." 누나가 말했다. 그 말을 듣고서는 같이 누워서 책을 읽어 주니 좀 전에는 그렇게 울던 조카가 신기하게도 잠이 들었다.

이것이 바로 사람의 본능이다. 다른 사람이 자신을 억지로 끌고 가려고 하면 거부반응을 보인다. 그렇기 때문에 관객을 대할 때도 자연스럽게 따라올 수 있도록 해야 한다. **15년 전 아직 초보 MC였을 때 송년회 2부인 여흥 시간 진행을 맡게 되었다.** 무대에 올라서 사람들이 있는 쪽을 바라보니 거의 모든 사람들이 술을 먹고 있거나 오랜만에 만나 반가운 듯 즐겁게 대화를 하고 있었다. 나는 어쩔 줄 몰라 인사를 하고 여러 가지 멘트를 하다가 사람들을 집중시키기 위해 이렇게 말했다.

"앞에 집중해 주세요. 제발 부탁드립니다."

하지만 사람들은 별 변화 없이 좀 전과 똑같이 사람들과 이야기를 나누고 술을 마시는 분위기였다. 내 목소리는 점점 커져 갔고, 지켜보던 담당자가 나를 부르더니 말했다. "그만 하셔도 돼요! 그냥 빨리 끝내 주세요." 결국 그날 진행은 그렇게 허무하게 끝나고 말았다. 그 행사는 내 인생 최악의 행사가 되었다. 이후 어떻게 하면 쉽고 자연스럽게 집중시킬 수 있을까를 고민했다. 그러던 중 우연히 한 호텔에서 개그맨 최병서 씨가 동문회 진행을 하고 있는 모습을 보았는데, 그때 비로소 답을 얻었다! 처음에 사람들이 MC에게 집중하도록 만드는 장치 그것은 다름 아닌 **건배 제의**였다. 최병서 씨는 올라가서 인사하고 난 뒤, 일단 건배 제의부터 했다.

"안녕하세요! 개그맨 최병서입니다. 앞에 잔을 높이 들어 주시고요. 제가 건배를 제의하겠습니다."

사람들은 일제히 잔을 들었고 모두 무대에 선 MC인 최병서 씨를 바라보았다. 최병서 씨는 모르겠지만 나에게 큰 배움을 주었다. '이거였구나, 술을 먹고 있는 사람들이니까 일단 건배 제의부터 해야지!'

진행하면서 느끼지만 관객이 무대에 집중하도록 만드는 일은 정말로 쉽지가 않다. 관객들의 상황과 심리를 잘 파악해야 관객과 소통할 수 있고 관객들을 쉽고 자연스럽게 집중하게 만들 수 있다.

② 아나운서의 깔끔함과 개그맨의 유머를 갖춘 MC가 돼라!

MC의 진행 스타일은 크게 두 가지로 나눌 수 있다.

아나운서 같은 깔끔한 진행과 개그맨 같은 재미있는 진행.

프로 MC가 되려면 이 두 가지를 모두 갖추고 있는 것이 가장 좋다. 게임 설명이나 중요한 공식 행사를 진행할 때는 **아나운서처럼 깔끔하게!** 레크리에이션을 진행할 때는 유머러스하고 위트 있게 진행하는 것, 이것이 많은 사람들이 원하는 진행자이다.

③ 인간적인 공감대를 형성해서 관객을 내 편으로 만들어라!

관객들과 MC 사이에는 보이지 않는 벽이 있다. 이 벽을 깨는 방법 중의 하나가 바로 **인간적인 면을 보여주는 것**이다. 사실 프로 MC라고 해서 완벽하게 방송처럼 진행할 필요는 없다. 행사에 따라 다르겠지만 재미있게 진행해야 하는 가벼운 행사의 경우에는 일부로라도 모르는 척해야 하고 약간의 실수하는 모습을 보여 주면 친근감과 인간적인 매력을 느끼게 되고 저 사람도 나처럼 실수를 하는 사람이구나 하는 **인간적인 공감대가 형성**되면서 관객들과 더 많은 소통을 할 수 있다.

④ 관객들에게 부드러움과 카리스마를 동시에 보여 줘라!

MC는 이중인격자 같아야 한다. 때로는 가수 성시경처럼, 부드럽게 때로는 최민수의 황금색 이빨처럼 카리스마 있게 이끌어 가기도 해야 한다. 디테일하게 설명하자면 부드러운 진행이란 상대방을 배려하고 편안함을 주는 것이고 카리스마 있는 진행이란 대상에게 따라 하지 않으면 안 될 것 같은 분위기를 형성하는 것이다.

그렇다면 어떤 상황에서 부드럽게 진행하고 어떤 상황에서 카리스마 있게 이끌어 가느냐 하는 것이 궁금할 것이다. 가장 이상적인 진행은 개개인을 대할 때는 부드럽게 하고, 전체를 움직일 때는 카리스마 있게 하는 것이다. **이렇게 진행을 하면 모든 관객들을 부드러운 카리스마로 끝까지 이끌어 갈 수 있다.**

⑤ 행사를 진행할 때는 시작부터 끝까지 행사에 집중하라!

MC는 전체를 볼 줄 알아야 한다. 전체를 보기 위해서는 처음부터 끝까지 행사에 집중하고 신경을 써야 한다. 마이크를 잡는 순간 진행자는 거대한 배의 항해사가 되는 것이다. 배에 있는 사람들이 다치지 않고 한 명도 빠짐 없이 끝까지 순항시키기 위해 MC는 행사에 처음부터 끝까지 집중해야 한다. **아무리 행사가 잘되고 분위기가 좋아도 당신의 실수 한 번에 공든 탑이 무너질 수 있다는 것을 꼭 기억해라!**

⑥ 자신만의 색깔을 가진 MC가 되어라!

군복은 모두 똑같은 색깔에 똑같은 디자인이다. 필자는 해군을 나왔는데 휴가를 나오면 군복이 다른 군인들과 달라서 참 좋았다. 사람들은 일반 육군이 지나가면 '그냥 군인인가 보다.' 하고 지나치는데 해군 세라 정복을 입고 나가면 '멋있다!' 하고 신기하게 쳐다보았다. 진행도 이와 마찬가지일 것이다. 다른 사람들과 똑같은 캐릭터에 진행까지 똑같다면 결코 주목받는 MC가 될 수 없다. **나만의 차별화된 캐릭터와 진행 스타일을 만들어라!**

⑦ 사람들이 따라오지 않는다면 리더 법칙을 사용해라!

어떤 단체든 그 단체에는 리더가 있기 마련이다. 그 자리의 리더를 이용하면 관객들이 좀 더 쉽게 집중하도록 할 수 있다.

그런데 **리더를 어떻게 이용해야 내가 리더의 모든 권한을 쥐고 관객들을 움직일 수 있을까?** 아주 쉽게 설명하기 위해 한 가지 공식을 제시하겠다.

리더 이용 공식

"(리더)도 (행동) 하시는데……"

예) 건배 제의를 예로 들면,

"여기 **(리더: 대표 이사님)**도 **(잔을 들었는데)** 뒤에 신입 사원분들은 아직도 준비 중이시네요!"

이렇게 리더를 이용하면 리더를 따르는 모든 사람들을 쉽게 움직일 수 있다.

MC 유성이 직접 몸으로 익힌 노하우

① 멘트

1. 멘트에 칭찬을 넣는 것이 좋다!

2. 누군가를 욕해서 웃기는 것은 결코 유머가 아니다!

3. 무심코 내뱉은 멘트가 누군가에게는 평생의 상처가 된다는 것을 잊지 마라!

4. 비유법을 사용하면 이해하기 쉬우면서도 고급스러운 멘트를 만들 수 있다!

5. 관객들과 공감대를 형성할 수 있는 멘트를 생각해라!

② 노래자랑 할 때

1. 노래가 나올 때까지 기다리지 말고 계속 인터뷰해라!

2. 노래가 분위기를 다운시키면 기분 나쁘지 않게 끊어라!

   예) 노래자랑이 시작되기 전에 MC가 미리 예고한다.

   "이 노래방은 노래를 못 부르면 자동으로 끊어지는 시스템입니다."

   이렇게 말해 놓으면 기분 나쁘지 않게 노래를 끊을 수 있다.

3. 필요할 때는 관객들을 모두 일으켜서 하나가 될 수 있게 해라!

4. 노래자랑에서 노래는 1절만 하되 분위기가 좋을 땐 2절까지도 이어 가라!

5. 노래자랑을 끝내야 할 시간이 되면 마지막 참가자만 받고 끝낸다고 확실하게 못을 박아라!

③ 인터뷰할 때

1. 상대방의 장점을 찾아서 칭찬하라!

2. 상대방이 쉽게 대답할 수 있는 질문을 해라!

3. 모두가 궁금해하는 공감할 수 있는 질문을 던져라!

4. 상대방을 기분 나쁠 수 있는 멘트를 했을 경우 뒤에 꼭 칭찬을 해라!

5. 상대방을 배려하는 마음으로 멘트를 해라!

④ 공연이 있을 때

1. 앞뒤 공연의 분위기에 맞게 멘트를 해라!

※ 열정적인 공연일 경우에는 톤을 높여서 관객들의 분위기를 고조시키고 정적인 분위기의 공연일 경우에는 아나운서 톤으로 분위기를 부드럽게 만들어 준다.

2. 소개할 공연에 대에서 우선 조사해라!

※ 노래의 경우, 가수의 프로필을 조사하고 노래의 경우 직접 들어 보고 느낌을 정리해 두는 것이 좋다.

3. 항상 만약의 상황에 대비해라!

※ 노래가 나오지 않는다, 악기에 문제가 생긴다 등등.

4. 공연 팀에게 칭찬을 아끼지 마라!

5. 공연이 펼쳐질 때는 최대한 무대에 집중하고 느낀 점을 머릿속에 정리해 두어라!

⑤ 더블 MC를 볼 경우

1. 상대방의 호흡을 받아서 가라!

2. 멘트에 들어갈 때는 "네~"라고 하면서 들어가는 신호를 먼저 줘라!

3. 상대방이 멘트를 하고 있을 경우에는 끊지 않고 최대한 들어 줘라!

4. 오프닝 멘트는 최대한 정리해서 상대방과 맞추는 것이 좋다.

5. 상대방을 배려하는 마음을 갖고 진행해라!

⑥ 아이들 행사할 때

1. 아이들 행사를 진행할 때는 설명을 자세히 해라!

2. 아이들이 무엇을 해야 하는지 직접 행동으로 보여 줘라!

3. 게임을 할 때는 연습게임을 먼저 하고 시작해라!

4. 아이들 행사에서는 모든 활동을 게임과 연결시켜 주의를 집중시켜라!

5. 아이들을 인터뷰할 때는 살짝 앉아서 눈높이를 아이들에게 맞춰 주어라!

6. 초등학생 행사의 경우, 선생님 같은 모습으로 카리스마 있게 이끌어가라!

※ 아이들은 카리스마 있게 끌고 가지 않으면 따라오지 않는 경우도 많다.

7. 아이들과 부모님이 함께 행사에 참여할 경우, 부모님과 함께하는 게임도 준비해라!

⑦ 게임 후에 그다음을 연결해야 할 때

1. 게임에서 게임으로 넘어갈 때는 연관되는 게임으로 진행해야 자연스럽게 이어 갈 수 있다.

  예) 박수치기 → 박수 건강 테스트 → 옆 사람과 함께 박수치기 등

2. 어떤 게임을 마치고 다음 게임으로 넘어갈 때 텀(term)을 주면 관객의 집중력이 떨어진다.

3. 난이도가 갑자기 높아지는 게임으로 넘어가지 말고 순차적으로 게임의 난이도를 높여 가라!

※ 난이도가 높은 게임이란? 몸을 많이 쓰거나 머리를 써야 하는 복잡한 게임들이 난이도가 높은 게임이다.

4. 스테이지 게임을 할 경우에는 같은 사람이 나오지 않는 게임으로 해라!

5. MC는 관객들의 동선을 머릿속에 그려 놓고 다음 게임으로 넘어가라!

⑧ 관객들이 흥미를 느끼지 못할 때

1. 관객들이 게임 진행에 흥미를 느끼지 못하는 경우에는 부담 없이 할 수 있는 게임으로 넘어가라!

※ 부담 없는 게임? 간단한 퀴즈, 가위바위보 등

2. 관객들이 처음부터 흥미를 느끼지 못하는 경우에는 가장 좋아할 만한 게임으로 승부해라!

3. 멘트에 대한 호응이 없으면 빨리 정리하고 다른 주제로 넘어가라!

4. 관객들의 관심사가 무엇인지 잘 궁리해서 공감대를 형성하라!

5. 여러 사람보다는 개개인에게 말을 걸어서 서서히 집중할 수 있도록 해라!

⑨ 게임 설명

1. 게임 설명은 디테일하게 하되 필요한 경우에는 짧고 간결하게 해도 좋다!
2. 게임 설명을 할 때 필요하다면 직접 보여 주는 것도 좋은 방법이다!
3. 어린이나 노인의 경우, 게임 설명을 천천히 여러 번 반복해서 하고 연습게임을 통해서 게임을 이해시키고 진행해라!
4. 게임 설명도 재미있게 하는 것이 좋다!
5. 주의사항은 정확하게 찍어서 카리스마 있게 말해라!

⑩ 주의를 집중시켜야 할 때

1. 행사 준비가 안 된 사람들은 아주 쉬운 것부터 하게 하라!
   예) 인사하기, 건배 제의, 노래 퀴즈 등
2. 댄스나 성대모사 등 참가자의 장기를 이용해라!
3. 대상에 대한 칭찬을 집중할 때까지 계속하라!
4. 리더를 이용해라!
5. 선물을 쉽게 주는 것을 통해 관객들의 시선을 끌어라!

⑪ 체육대회 때

1. 점수는 정확하게 체크하라!
2. 축구나 족구 경기 등 심판이 필요한 경기에서 MC는 심판을 보지 말고 경쟁 팀을 제외한 다른 팀에서 뽑아서 진행해라!
   예) 청팀 대 백팀 경기에서는 노랑 팀이나 초록 팀에서 심판을 뽑아서 진행한다.

3. 점수나 등수는 마지막 주자가 들어오면 발표하라!

※ 중간에 발표할 시 뒤에 들어오는 주자들은 힘이 빠져서 최선을 다하지 않게 된다.

4. 안전에 대한 멘트는 늘 강조하라!

5. 부상자가 발생할 경우 신속히 대처하고 사람들이 동요하지 않도록 자연스러운 멘트로 넘어가라!

6. 전체적으로 여유를 가지고 진행하되 스피디하고 타이트하게 진행해라!

7. 상황에 따라서는 관객들과 함께 뛰면서 참여해라!

8. 점수를 말할 때는 정확하게 찍어서 말해라!

예) "1등을 차지한 백팀에게 100점 드립니다."

9. 경쟁이 심한 경기에는 처음과 마지막에 꼭 서로 인사와 악수를 하게 한다.

무대공포증 대처 10계명

① 스스로가 최고라는 생각으로 잘 해낼 수 있다는 자신감을 가져라!

남자들은 샤워를 하고 거울을 보면서 착각에 빠지곤 한다.

'이 정도면 조인성이나 원빈도 울고 갈 만큼 완벽한 외모 아닌가?'

누구나 한 번씩은 하는 착각이다. 너무 과하면 곤란하겠지만 이런 착각이 도움이 될 때도 있다.

바로 미팅 나갈 때와 무대에 설 때이다.

먼저 미팅에 나갔을 때 상대방이 자신감 있는 모습을 보이면 이 사람에게 뭔가 있을 것 같은 기대감에 호감이 생기게 된다. 무대에서 진행을 할 때도 MC가 주도적으로 이끌어 가야 때문에 관객들의 기에 눌리지 않기 위해서는 스스로가 최고라는 생각으로 자신감을 가지는 것이 좋다. 무대에 서야 하는데 긴장이 된다면 **무대에 올라가기 전에 거울을 보며 이렇게 외치자! "내가 최고다! 나는 잘 해낼 수 있다!"**

그러면 자신감이 붙어서 정말로 잘 해낼 수 있을 것이다.

② 긴장이 밀려올 땐 크게 소리를 지르거나 노래를 불러라!

평소 영화 보는 것을 좋아하는데, 그중 가장 인상 깊게 본 영화는 멜 깁슨 주연의 〈브레이브 하트〉이다. 10번도 넘게 본 것 같은데, 특히 영화 전체에서 두 가지 장면이 기억에 남는다.

그 두 장면은 바로 멜 깁슨과 소피 마르소가 사랑을 나누는 장면과 멜 깁슨이 마지막에 사형당하는 장면이다. 〈브레이브 하트〉를 본 사람이라면 마지막에 사형을 당할 때 "Freedom!" 하고 크게 외치는 장면이 떠오를 것이다.

그런데 그 장면에서 멜 깁슨은 왜 크게 소리를 질렀을까! 물론 자유를 원하는 마음이 커서일 수도 있지만 그보다는 죽음을 앞둔 순간의 두려움을 없애기 위해서 소리를 지른 것이 아닐까 생각한다.

이렇게 죽음을 앞둔 순간에 소리를 질러서 두려움이 떨쳐 내듯이 긴장되는 무대를 앞둔 상황에서도 마찬가지다. 소리를 지르면 그 긴장감을 없애는 데 큰 도움이 된다. **지금 무대에 서는 것이 두렵다면 "나는 최고 MC다!" 라고 크게 한 번 소리를 질러 보자!**

③ 'MC는 타고난 사람만이 할 수 있다'라는 생각을 버려라!

직업이 MC라고 말하면 사람들은 흔히 이렇게들 물어본다.

"MC는 아무나 하는 게 아니죠?"

"MC가 되려면 타고나야 하지 않나요?"

물론 그 끼를 타고난 사람이 잘할 수도 있겠지만 노력을 게을리하면 성장할 수 없다. 또 끼가 좀 부족하더라도 연습을 많이 하면 누구나 잘할 수 있는 것이 바로 MC다. 테트리스 게임처럼 굳이 타고나지 않아도 계속하다 보면 자연스레 잘하게 되는 것이 바로 MC이다.

부단히 노력하면 누구나 관객들에게 웃음과 감동을 선사하는 최고의 MC 가 될 수 있다.

④ 모든 사람들이 나를 좋아한다고 생각해라!

처음 입대해서 훈련소를 마치고 부대로 배치되면 가장 불안한 것이 '선임들이 나를 싫어하면 어떡하지?' 하는 것이다. 후임들은 그런 생각 때문에 하루하루가 버겁고 괴롭다. 하지만 반대로 '나 좋아해서 나 잘되라고 그러는 거야!'라고 생각하면 군 생활도 잘하게 되고 선임들에게 사랑도 받을 수 있을 것이다. 무대에 설 때도 마찬가지이다. 무대에 설 때만큼은 자기 자신에게 최면을 걸어 보자! '난 정말로 매력적이고 관객들이 모두 나를 좋아해 줄 것이다!' **이렇게 최면을 걸고 나면 무대에서도 좀 더 편안하게 진행을 잘할 수 있을 것이다.**

⑤ 무대에서는 '실수해도 상관없다'라고 생각해라!

사람들은 긴장되는 자리에 가면 '실수하면 어떡하지?'라는 걱정부터 한다. 하지만 실수를 하게 되는 진짜 이유는 바로 이런 걱정 때문이다. 지금 무대에 올라가서 실수를 할까 봐 두렵다면 '실수해도 상관없다'는 생각을 하고 무대에 오른다면 실수는 일어나지 않고 긴장감도 훨씬 줄어들 것이다. **지금 무대에 오르기 걱정된다면 자기 자신을 향해 마음속으로 외쳐 보자! "실수해도 상관없어, 최선만 다하면 되는 거야!"**

⑥ 무대에 오르기 10분 전에 눈을 감고 이미지 트레이닝을 해라!

내가 처음으로 행사 진행을 맡았을 때 관객들을 이끌어 가기는커녕 외면당한 채 무대를 내려와야 했다. 그렇게 몇 번이고 깨지고 나니 무대에 오르기조차 싫었고, 심지어 무섭기까지 했다. 무대에 서야 하는 날이면 차라리 교통사고가 나서 병원에 누워 있고 싶다는 생각이 들 정도로 무대가 무섭고 두려웠다.

이렇게 긴장하고 있을 때 레크리에이션 스승님이신 개그맨 고혜성 강사님께서 행사를 올라가기 10분 전에 내게 눈을 감아 보라고 했다. 그리고

"관객들을 행복하게 만드는 상상을 해 봐라."라고 말했다.

그 말에 눈을 감았지만 속으로는 '연습할 시간도 없는데 이런 걸 왜 해야 하나?' 싶었다. 사실 잠시 후에 올라야 하는 무대의 오프닝 멘트도 전혀 정리가 되지 않은 상태였다. 그래도 스승님의 말씀대로 눈을 감고 무대에 서서 관객들의 환호를 받는 모습과 관객들이 환하게 웃으며 행복해하는 모습을 10분 정도 상상해 보았다.

그런데 재미있는 것은 그러고 나니 10분 전과는 확연히 달라졌다는 것이다. 불안감이나 걱정이 훨씬 줄고 자신감이 생겼다. 갑자기 모든 사람들을 행복하게 만들 수 있을 것 같은 기분에 가슴이 설 고 그렇게 무대에 올랐다. 그 무대에서의 관객들의 반응을 아직도 기억한다. 처음으로 관객들과 소통하면서 제대로 된 행사 진행을 했다. '이게 바로 진행이구나!' 행사를 마친 뒤에도 너무나 행복해서 차를 타고 가다가 문을 열고 소리를 질렀다. "난 최고다!" 그리고 스승님은 이런 이야기를 해 주셨다.

실력이 비슷한 3개의 농구팀이 있었다. 이 3개의 농구팀은 2주 후에 중요한 경기가 있었다. 때문에 3개의 농구팀은 너 나 할 것 없이 승리를 위해 고군분투했다. 하지만 방법은 서로 달랐다. A팀 감독은 연습만 죽어라 시키고, B팀 감독은 이미지 트레이닝만 시켰고, C팀 감독은 1주는 연습, 1주는 휴식을 주었다. 과연 누가 여기서 승리했을까? 바로 B팀이었다. 아무도 예상치 못한 승리였다. 그리고 B팀 감독은 이런 말을 했다고 한다. "사람의 생각이 몸을 지배한다."

지금 무대가 긴장되고 두렵다면 상상이라는 좋은 약을 통해서 자신감을 얻고 무대에 올라가라!

⑦ 유재석, 신동엽, 강호동 등 최고의 MC들에게 도움을 요청하라!

국내 최고의 MC로 우리는 누구를 꼽을 수 있을까?

유재석, 신동엽, 강호동, MC 유성?

하나같이 최고의 진행자들이다. 'MC 유성?' 그냥 넘어가자…… 언젠가 최고가 될 거니까! 나는 진행을 하면서 이런 생각을 자주 한다. 만약 이런 상황에서 유재석이라면, 신동엽이라면…… 어떤 멘트를 했을까?

이렇게 생각하다 보면 저절로 답이 나오고 어떨 때는 나도 모르게 재미있는 멘트들이 방언처럼 마구 튀어나오기 시작한다.

지금 긴장이 된다면 최고의 MC를 내 몸으로 초대해 보자! 그 노련함이 당신에게도 전해져서 멋진 MC가 되는 뒷받침이 될 것이다.

⑧ 관객들 모두를 친한 친구라고 생각하라!

무대에 섰을 때 긴장되는 가장 큰 이유는 낯선 사람들 앞에 선다는 불안감 때문이다. 보통 평소에 낯을 잘 가리지 않는 성격을 가진 사람들도 관객들 앞에 서면 말을 더듬고 긴장되는 것이 일반적이며, 이것이 반복되면서 점점 무대공포증까지 생긴다. 그런데 이렇게 말더듬고 긴장하던 사람들도 친한 친구들의 앞에 있을 때는 하고 싶은 말도 또렷하게 잘하는 것은 물론이고 재미있는 사람으로 돌변한다.

자신감 있게 내가 하고 싶은 말을 편안하게 많은 사람들 앞에서 누구보다 잘하고 싶다면 관객들 모두가 나와 친한 친구라고 생각하면 된다. 그렇게 생각하는 순간 **관객들이 정말로 친한 친구로 느껴지고 그 누구보다 자연스럽게 많은 사람 앞에서 말을 잘할 수 있을 것이다.**

⑨ 첫 무대의 떨림을 관객들에게 솔직하게 이야기해라!

처음 진행을 맡은 사람들이 무대에 오를 때 하는 가장 큰 실수는 경험이 많은 프로처럼 보이려고 한다는 것이다. 하지만 그것 때문에 오히려 더 긴장하게 되고 실수도 더 많이 하게 된다. 사실 무대에서 떨리고 긴장된다면 솔직하게 말하는 것이 가장 좋다.

"제가 오늘 첫 무대라서 많이 떨립니다. 하지만 여러분들께서 많은 박수로 응원해 주신다면 정말 열심히 진행할 것입니다."

이렇게 솔직하게 이야기하면 당신의 부담감도 줄어들고 관객들도 조금은 더 넓은 마음으로 무대를 즐길 수 있을 것이다.

⑩ 진행하면서 너무 떨릴 때는 한 사람을 정해 놓고 그 사람과 눈을 맞추면서 대화하듯이 멘트를 해라!

직업이 MC라는 말에 사람들은 이런 질문을 많이 한다.

"아직도 무대 설 때 긴장되세요?"

물론 긴장된다. 하지만 그때마다 내가 쓰는 비법이 있다. 그것은 앞에서 가장 경청하고 있는 사람 한 명을 정해 놓고 그 사람과 대화한다고 생각하면서 행사를 이끌어 가는 것이다. 가끔 그 사람에게 말도 걸어서 대답을 듣기도 한다. 그렇게 긴장이 풀리기 시작하고 편안해진다. 무대에 오르기가 두렵다면 이런 생각을 해 봐라! '무대에 선다는 것은 조금 많은 사람들과 대화를 하는 것이다.'

사람들은 보통 프로에 대해 이렇게 생각한다.

프로는 생각부터 남달라야 한다?

프로는 무조건 잘해야 한다?

프로는 아마추어처럼 실수해선 안 된다?

위에 대한 **대답은 전부 NO다.** 먼저 프로는 생각부터 남달라야 하는 것이 아니라 반대로 관객들과 같은 생각을 해야 한다. 이유를 말하자면 MC는 관객과 소통을 해야 하는 사람이다. 쉽게 말하면 MC는 재빠르게 관객들의 생각을 읽어 내고 공감되는 부분을 정리해서 말로 풀어 주어야 관객들과 소통을 할 수 있는 것이다. 그러려면 관객들과 같은 생각을 하는 것이 중요하다. 두 번째 프로는 무조건 잘해야 한다? 물론 잘하면 좋다! 하지만 그보다 더 **중요한 것이 있다. 바로 관객과 소통하는 것이다.** 공부는 혼자서만 잘해도 인정받을 수 있지만 MC는 혼자서만 잘하면 아무도 알아주지 않는다. 관객들과 함께 소통하고 모든 사람을 즐겁게 해 주는 것이 진짜 프로 MC이다.

마지막으로 프로도 실수할 수 있다. 사람이 신도 아닌데 어떻게 실수를 안 할 수가 있겠는가? 진정한 프로 MC는 실수를 안 하는 사람이 아니라! **실수를 실수가 아닌 것처럼 잘 포장해서 넘어갈 수 있는 순발력을 가진 사람이다. 기억해라! 당신도 프로 MC가 될 수 있다!**

9

프로 MC의 요건 10가지

① 분위기에 맞는 의상과 말투를 사용해라!

진정한 프로는 물 같아야 한다. 어떤 장소에서도 그 자리의 분위기와 자연스럽게 어울려야 하는 것이다. 이렇게 되기 위해선 두 가지 중요한 것이 있다. 그것은 바로 **'의상과 말투'이다.** 몇 가지를 예로 들어 보자!

결혼식을 진행하는데 트레이닝복을 입고 있다면, 체육대회를 진행하는데 정장을 입고 있다면, 관객들이 어떤 생각을 할까? 그리고 한 가지 더, 어린이 행사에 가서 〈전국노래자랑〉의 송해 선생님처럼 "저기 벚나무 밑에 계신 분들 안녕하세요!"라고 하거나 아니면 〈전국노래자랑〉을 뽀뽀뽀 선생님처럼 진행하면 과연 어울릴까? "안녕하세요, 우리 친구들. 오늘의 첫 번째 참가자……"

어떤 장소에서 하느냐 어떤 목적으로 진행되느냐에 따라 어울리는 의상과 말투가 있을 것이다. 진정한 프로 MC가 되려면 분위기에 맞는 의상과 말투를 사용해야 한다.

② 나무만 보지 말고 숲을 볼 수 있는 안목을 가져라!

진행을 하다 보면 자기 자신의 진행에 빠져서 전체적인 흐름을 보지 못할 때가 왕왕 있다. 하지만 진행에 있어서 가장 중요한 것은 흐름이다. 이 흐름을 놓치게 되면 전체적인 분위기는 산으로 가게 되고 관객의 집중도는 급격히 떨어지게 된다. 그리고 결과적으로 진행을 망치게 되는 일이 발생한다. **아무리 하고 싶은 멘트나 게임이 있어도 전체적인 진행을 위해서는 참아야 한다.**

③ 적을 알고 나를 알면 백전백승, 사전 조사를 철저히 해라!

처음 진행을 할 때 웃기는 것에만 집중하다가 행사가 열리는 장소나 참여하는 관객들에 대한 정보는 파악하지 못한 경우가 많다. 하지만 진정으로 똑똑하고 유능한 MC라면 제갈공명처럼 상대를 잘 알아야 한다. 고로 행사를 준비 단계에서 가장 중요한 것이 사전 조사이다. 진정한 프로가 되기 위해서는 대충대충 준비해서는 안 된다! **디테일하게 조사를 해서 철저하게 준비해야 대상 모두를 만족시키는 진행을 할 수 있고 진정한 프로 MC가 될 수 있다.**

④ 관객과 공감대를 형성하라!

소개팅할 때 상대방이 마음의 문을 좀 더 빨리 열게 하려면 어떻게 해야 할까? 우선 소개팅하는 상대방과 자신의 공통점을 빨리 찾아야 한다. 같은 취미를 갖고 있거나 좋아하는 음식이 같으면 조금 더 빨리 친해질 수 있다. 프로 MC가 되기를 원한다면 **정말 마음에 드는 소개팅 상대를 만났다는 생각으로 관객들과 계속해서 공감대를 만들어 나가야 한다.**

⑤ 관객을 배려하고 존중하는 자세를 가져라!

MC들 중에서는 관객의 단점을 지적하며 핀잔을 주고 심지어는 욕까지 하는 MC가 있다. 물론 욕을 하고 단점을 얘기하면 웃음을 이끌어 낼 수는 있겠지만 상대방에게는 큰 상처가 될 수 있고, 진정한 웃음은 관객들을 최대한 존중할 때 나오는 것이다. **상대방의 기분을 나쁘게 하지 않으면서도 웃음을 줄 수 있는 MC, 이것이 진정한 프로 MC이다.**

⑥ 어떤 돌발 상황에서도 당황하지 말고 뻔뻔하게 대처해라!

얼마 전에 재미있는 연극을 보았다. 대학로에서 잔뼈가 굵은 연극배우들의 공연이라 연기력이 정말 대단했다. 한참을 재미있게 보고 있는데, 연극의 주인공이 공연 중간에 대사가 기억나지 않는지 당황하며 머뭇거렸다. 객석에서는 "대사 까먹은 거 아니야?" 하며 웅성거렸다. 그런데 주인공은 능청스럽게 "저기요! 대본 좀 던져 주세요."라고 말하는 것이었다. 주인공은 대본을 훑어보곤 아무 일도 없었다는 듯 무대 뒤로 대본을 던지고는 다시 연기를 펼쳤다. 그 장면은 너무나 웃겨서 많은 웃음이 나왔고, 관객들의 반응도 굉장히 좋았다.

연극이 끝나고 나서 관객들은 그 장면을 놓고 연출이네, 실수네 하며 의견이 분분했다. 사실 그럴 만도 한 것이 주인공의 연기가 너무 뻔뻔하고 자연스러웠기 때문이다. 얼마 뒤에까지 궁금증이 풀리지 않아 초대한 분에게 물어보았더니 처음에는 그 연기자가 대사를 까먹어서 애드립으로 했던 것인데 그 신이 반응이 너무 좋아서 지금은 연극의 한 장면이 되었다고 했다. 이것이 바로 프로와 아마추어의 차이가 아닐까 하는 생각이 든다. **실수를 하면 당황해서 어쩔 줄 모르는 사람은 아마추어, 실수를 해도 자연스럽고 당당하고 뻔뻔하게 넘어갈 줄 아는 사람은 프로이다.**

⑦ 돌발 상황에서는 우선 정확하게 판단한 뒤에 대처해라!

진정한 프로는 돌발 상황을 두려워하지 말아야 한다. 여러 명의 관객들 앞에서 진행을 해야 하기 때문에 돌발 상황이 생기는 것은 어찌 보면 당연한 일이다. 진정한 프로라면 이런 돌발 상황에서 섣불리 행동하기보다는 이 상황을 어떻게 극복할지를 우선 생각해야 한다. 그리고 가장 최선의 방법을 택한 뒤에 그것을 행동으로 옮기는 것이다. 상황을 빨리 모면하는 것도 중요하지만 **최선을 방법으로 대처하는 것이 가장 중요하다.**

⑧ 리더십과 포용력은 MC로서의 첫 번째 조건이다.

많은 사람들을 이끌어 나가야 하는 MC에게 리더십은 매우 중요한 자질이다.

하지만 이것만으로는 모자라다. 자동차가 달리기만 하고 관리를 해 주지 않으면 고장 나듯이 관객들 모두를 리드해서 목적지까지 가야 하는 MC도 마찬가지이다. MC는 리더십으로 이끌고 나가다가도 때때로 넓은 포용력으로 사람들을 달래면서 목적지를 향해 나아가야 한다. 그래야만 고장은 나지 않으면서도 목적지까지 무사히 도착할 수 있다. **MC는 관객이라는 승객을 진행이 끝나는 지점인 목적지까지 편안하고 재미있게 이끌어 가야 하는 운전사다.**

⑨ 필요할 때는 망가지기도 해라!

사람들은 본능적으로 자신보다 잘난 사람보다 못난 사람에게 친근함을 느낀다. 고로 '나 잘났다' 하는 MC보다는 본인보다 약간 빈틈이 있어 보이는 MC를 좋아한다. 그 대표적인 MC가 바로 유재석과 강호동이다.

시청자들이 봤을 때는 빈틈도 많이 보이고, 실수도 많이 하는 것처럼 보이지만 이 두 MC는 완벽주의자들이다. 왜냐하면 자신의 본모습을 완벽하게 숨기고 있기 때문이다. 먼저 강호동은 쉬는 시간에 각종 명언집과 엄청나게 많은 책을 보며 자기 계발을 하고, 유재석은 온갖 종류의 책들과 매일 신문을 빠짐없이 챙겨 본다. 이 두 MC 모두 누구보다도 꼼꼼하고 똑똑한 사람들이다. 하지만 이 두 MC는 언제나 똑똑하고 잘난 모습보다는 망가지는 모습을 많이 보여 준다. **이렇게 망가지는 모습이 이 두 MC가 대중들에게 사랑받는 이유이다.**

⑩ 시작과 마무리를 잘해라!

모든 일에서 가장 중요한 것은 시작과 마무리를 잘하는 것이다. 행사 진행을 아무리 잘했다고 하더라도 제대로 끝맺지 못하면 그 행사가 좋았다고 말하기 힘들다. 그와 마찬가지로 시작에서 오프닝을 잘 풀지 못해도 관객들이 공연에 집중하지 못하기 때문에 역시 좋은 진행이라고 말할 수 없다. **진정한 프로 MC가 되려면 시작과 마무리를 잘해야 한다.**

2장 실전 멘트 자료(실전 MENT 1000선)

· 본론에 들어가기 전에 꼭 알아두어야 할 내용

멘트 자료는,
1. 자기소개 멘트, 2. 오프닝 멘트, 3. 인터뷰 멘트, 4. 선물 멘트, 5. 상황 멘트, 6. 댄스 멘트, 7. 엔딩 멘트, 8. 명언 멘트 이렇게 총 8가지로 나누어져 있으며, 약 1,000여 개의 멘트로 이루어져 있습니다. 아래에 있는 모든 멘트는 약 10년 동안 실제 무대에서의 경험을 바탕으로 관객의 반응, 재미, 감동, 멘트의 재미 등의 항목으로 별점을 나누어 놓았습니다.

멘트는 누가 어떻게 하느냐에 따라서 좋은 멘트도 가장 안 좋은 멘트로 들릴 수도 있고, 안 좋은 멘트가 좋은 멘트로 변하기도 합니다. 이 책을 읽는 여러분 모두 이 책에 있는 멘트를 최대한 잘 살려서 많은 사람들에게 웃음과 감동을 주는 좋은 MC가 되시기를 바랍니다.

자기소개 멘트

요즘 같은 자기 PR 시대에는 남들에게 자신의 존재를 확실히 알리고 어필하는 것이 무엇보다도 중요하다. 그러기 위해서는 효과적인 자기소개 방법을 알아 두는 것이 좋다. 그럼 지금부터 이 책에 적힌 자기소개 멘트를 이용해서 자신을 좀 더 효과적으로 표현해 보자!

저는 MC 유성입니다

일반적으로 사람들은 자기소개를 할 때 100이면 99는,

"안녕하세요. 저는 이름이 ○○○이고요! 가족관계는……."

이렇게 **회원 가입하듯 개인 정보**만 읽어 내려간다. 이렇게 자신을 소개하는 것은 "저는 소개할 만한 것이 없습니다." 이렇게 말하는 꼴이다. 하다 못해 이성 친구를 소개하라고 할 때도 "내 여자친구야. 이름은 ○○이고 무슨 일하고 어디서 어떻게 만났어."라고 디테일하게 잘 이야기하는데 왜 자기 자신을 소개하라고 하면 막막해지는 것일까? 이유는 자기 자신을 말로써 표현하는 방법을 모르기 때문이다.

그렇다면 어떻게 해야 자기 자신을 효과적으로 사람들에게 소개할 수 있을까? 정답은 TV 광고에 있다. TV 광고와 자기소개에는 세 가지 공통점이 있다.

첫째, 광고는 회사의 물건을 어필하는 것이고, 자기소개는 자신을 어필하는 것이다.

둘째, 빠른 시간 내에 많은 사람들에게 자신의 장점을 각인시켜야 한다.

셋째, 보다 많은 사람들의 마음의 문을 열어야 한다. 고로 자기소개란 상대방에게 자신을 어필하는 광고인 셈이다. TV 광고에서 가장 많이 사용하는 기법에는 비유법, 패러디, 스토리, 이렇게 세 가지가 있다.

지금부터 자기소개를 광고의 세 가지 기법을 활용해서 효과적으로 자신을 소개하는 방법을 배워 보도록 하자!

자기소개에서 가장 중요한 것은 짧은 시간 내에 자신을 어필하는 것이다. 그렇다면 어떻게 해야 짧은 시간 안에 자신을 가장 잘 표현할 수 있을까?

정답은 비유법에 있다. 자신을 소개할 때 말하고자 하는 것을 기존에 있는 무언가에 빗대어서 표현하면 이해하기도 수월할 뿐더러 다른 설명을 길게 할 필요가 없어서 효과적이다. 예를 들면 자신의 성격을 다른 사람들에게 나타내야 할 때 "저는 (붙임성이 좋아서 어떤 자리에서도 주위 사람들과 잘 친해지는) 성격을 가지고 있는 사람입니다."라고 말하면 길고 지루해서 상대방이 집중하기 어렵다. 반면에 "저는 (물) 같은 성격을 가지고 있는 사람입니다."라고 무언가에 빗대어 표현하면 짧고 임팩트 있게 느껴진다. 비유법은 자신의 이미지를 사람들로 하여금 빠르게 인식하도록 할 수 있다.

이런 방식은 광고 문구에서도 흔히 볼 수 있다. 예전에 했던 SK텔레콤의 '콸콸콸' 광고 또한 비유법을 잘 이용한 사례이다.

걸핏하면 끊기는 데이터 전송 속도를 시골길로 표현하고 음성과 데이터가 분리되어 고속도로 달리는 것처럼 시원하게 뻥뻥 뚫린 데이터는 SK텔레콤의 콸콸콸 데이터로 표현되었다. 이렇게 **비유법을 이용하면 자신의 이미지를 쉽고 빠르게 각인시킬 수 있다.**

예) 한 번 보면 모를 수도 있습니다. 하지만 두 번 보면 알 수 있습니다.

이덕화의 가발(비유)처럼 티 안 나는 매력을 가진 남자,

새우깡의 척추뼈(비유) 같은 곧은 의지를 가진 남자,

현철 아저씨의 봉숭아 연정(비유)처럼 톡하면 터질 것 같은 웃음주머니를 머릿속에 주입시키고 다니는 남자,

웃음 보톡스 MC(비유)

이름만 불러도 웃음이 묻어나는 MC ○○○입니다.

이렇게 비유법을 이용해서 효과적으로 자기소개를 해 보자!

2. 패러디를 이용한 자기소개

"핵꿀잼
MC 유성입니다."

  이번에는 개그나 광고의 단골 소재인 패러디다. **패러디를 이용하는 이유**
는 이미 사람들의 관심을 끌었던 소재이기 때문에 어느 정도 검증이 된 데
다 **사람들에게 익숙하고 친근하기 때문이다.** 이런 패러디를 이용해서 자기
소개를 하면 비유법에서와 마찬가지로 어려운 설명이 없이도 자신의 이미
지를 타인에게 쉽게 각인시킬 수 있다.

  사실 자기소개를 할 때는 누구나 긴장하게 된다. 혹여나 상대방이 나를
안 좋게 생각하지 않을까 걱정이 밀려든다. 하지만 일단 누군가가 마음의
문을 열고 내가 하는 말을 경청해 주면 말하는 사람도 긴장이 덜해져서 편
안하게 말할 수 있다. 패러디를 이용한 자기소개하면 한 가지 떠오르는 일
화가 있다. 해군 홍보단에 오디션을 보러 갔을 때의 일이다.

  내 바로 앞 번호인 사람을 얼핏 보니 얼굴의 모공은 넓은 데다 이상한 파

란색 티를 입고 있었고 외모는 그야말로 비호감이었다. 속으로 '정말 찌질하네.'라고 생각하고 있는데 곧 그 사람 순서가 되었다. 심사위원들의 표정은 '오디션 보는데 왜 이러고 왔어?' 하는 눈빛이었다. 그런 눈빛에 아랑곳하지 않고 남자가 자기소개를 했다. "안녕하세요! 해군이 너무 좋아 회만 먹는 남자 MC계의 16번째 줄기세포 ○○○입니다. 저는 다양한 모창이 가능합니다. 김건모, 정엽, 임재범 등등 250가지가 가능합니다. 하지만 립싱크만 가능하다는 거!"

그 당시 최고의 인기를 누리던 〈개그콘서트〉의 코너인 '노마진'을 패러디해서 자기소개를 한 것이었다. 이로써 심사위원들의 닫혀 있던 마음이 문이 열리기 시작했고 오디션 분위기도 정말 폭발적이었다. 패러디를 이용한 자기소개로 자신의 비호감 이미지를 한순간에 호감 이미지로 만들었고, 그렇게 해군 홍보단 MC병으로 합격했다. 물론 나는 떨어졌다. 하지만 그때 얻은 교훈이 있다.

'자신을 소개할 때 가장 중요한 것은 마음의 문을 열게 만드는 것이고 그 도구는 웃음이다!'

이 점을 기억하고 재미있는 패러디를 활용해서 타인에게 자신을 효과적으로 어필할 수 있는 자기소개서를 작성해 보자!

패러디를 이용해서 자기소개서를 작성해 보자.

3. 스토리를 이용한 자기소개

"스펙이 중요할까요? 아니면 경험이 중요할까요? 가장 중요한 것은 경험이 담긴 스토리입니다."

직업의 특성상 다른 사람들의 강의를 찾아서 자주 보게 된다.

하버드를 졸업한 엄친아 정치인 이준석이 나와서 주의 깊게 보게 되었다. 재미도 있었고 배울 점도 많은 강의였는데, 특히 그중에 특히 인상적이었던 말이 있다.

"스펙이 중요할까요? 아니면 경험이 중요할까요? 가장 중요한 것은 경험이 담긴 스토리입니다."

나는 이 말에 100% 공감한다. 요즘에는 누구나 같은 스토리에 같은 스펙을 가지고 있는 경우가 많다. 심지어 얼굴 표정이나 옷 입는 것까지 모두 비슷한 것은 물론이고 강남의 클럽에 가면 여자들 얼굴도 똑같이 생겼다. 그렇다면 이렇게 비슷한 사람들 속에서 어떻게 해야 자신만의 개성을 표현할 수 있을까? 정답은 바로 '자신만의 스토리'이다.

내가 존경하는 MC 선배님 중에 이호선이라는 이름을 가진 선배님, 자신을 소개할 때 "어머님께서는 지하철 2호선에서 저를 낳으셨습니다. 그래서 제 이름은 이호선이 되었습니다." 이렇게 자신이 태어난 스토리로 자기소개를 한다. 만약 이런 자기소개를 듣는다면 머릿속에 '이호선'이라는 이름을 자연스럽게 기억하게 될 것이다. **이렇게 자신의 스토리를 활용해서 자기소개로 만들면 사람들에게 보다 강한 인상을 남길 수 있다.**

예) MC 이호선 자기소개

안녕하세요. 2호선에서 태어나서 이호선이라는 이름을 가지게 된 MC 이호선입니다. 사람들이 가끔 저한테 물어봐요. 본명이냐고요. 본명 맞습니다. 저희 형님 같은 경우는 어머님이 운전하시다 낳으셔서 2차 선입니다.

제가 만약에 5호선에서 태어났으면 어떻게 되었을까요? 그래도 이호선입니다. 이씨니까요. 성은 바꿀 수가 없잖아요. 그래도 그나마 마트에서 저를 낳지 않아서 다행이에요. 그럼 아마 이마트가 되었을 겁니다. 사실 2호선이 대한민국 사람들이 가장 많이 이용하는 국민 호선이자 넓게 말하면 국민 지하철 아니겠습니까? 저도 늘 여러분에게 한 발 더 가까이 다가가는 국민 MC가 되어 드리겠습니다.

본인의 스토리를 바탕으로 자기소개서를 작성해 보자!

4. MC 유성의 자기소개 공식

자기소개 공식만 있다면 당신도 개성 있고 재미있는 자기소개 멘트를 만들 수 있다.

공식

(물건이나 동물 혹은 사람 이름 등등)처럼 (느낌)한 MC ○○○입니다.
예) (고속도로에서 갓 구운 오징어)처럼 (따끈따끈한) MC ○○○입니다.

멘트 포인트

멘트를 만들 때는 비유법을 사용하되 너무 식상한 비유는 사용하지 않는 것이 좋다. 예를 들어, (박보검)처럼 (잘생긴) MC ○○○입니다.

이런 표현들은 식상하기 때문에 사람들에게 어필하기가 힘들다. 가장 좋은 표현은 많은 사람들이 공감할 수 있으면서도 생각지도 못한 부분에서 허를 찔러 주는 것이다. 이것이 바로 자기소개 공식을 잘 사용하는 포인트이다.

아래의 공식을 이용해서 많은 사람들에게 어필하는 자기소개 멘트를 만들어 보자!

(   )처럼
(   )한 MC ○○○입니다.

(   )처럼
(   )한 MC ○○○입니다.

(   )처럼
(   )한 MC ○○○입니다.

(   )처럼
(   )한 MC ○○○입니다.

(   )처럼
(   )한 MC ○○○입니다.

- 자기소개 ★★★★

한 번 보면 지워지지 않은 유성매직 같은 매력을 가진 MC 유성입니다

- 자기소개 ★★★★

제 소개를 하겠습니다. 태어날 때부터 저는 영재였어요. 12살 때 보스턴으로 가서 거기서 중학교를 졸업하고 최연소로 버클리음대 기계공학과에 입학했습니다. 졸업해서는 라디오에서 백댄서로 활동하다가 현재는 대기업 GS 입사해서 GS25에서 7,000원씩 받고 알바로 일하고 있습니다!

- 자기소개 ★★★★

누르면 누를수록 나오는 인터넷 스팸 팝업창처럼 한번 빠지면 헤어날 수 없는 매력을 가진 MC ○○○입니다.

- 자기소개 ★★★★

(무대 뒤에서 자신을 소개할 때 사용하는 멘트)

무미건조한 일상생활에 지치셨습니까? 진정한 웃음을 원하십니까? 멈춰 있던 심장도 웃음으로 단번에 뛰게 할 전기충격기 같은 남자, MC ○○○입니다.

- 자기소개 ★★★★

영화나 드라마를 보면 조연들이 나와서 작품에 재미를 더해 주는데요.

저는 여러분들의 인생의 드라마에서 최고의 감초 조연을 맡을 MC ○○○입니다.

- 자기소개 ★★★★

하늘에서 절로 피어나는 노을빛처럼 아무리 막으려 해도 쏟아져 나오는 매력을 감출 수가 없는 MC ○○○입니다.

- 자기소개 ★★★

24시간 푹 고운 곰탕처럼 뜨겁고 진한 웃음만 드리는 MC ○○○입니다.

- 자기소개 ★★★

먹으면 먹을수록 깊이가 느껴지는 10년 숙성 보르도와인처럼 보면 볼수록 매력이 느껴지는 MC ○○○입니다.

- 자기소개 ★★★

20년 묵힌 묵은지 같은 깊은 매력을 지닌 MC ○○○입니다.

- 자기소개 ★★★

지하 3,000m에서 길어 올린 암반수보다도 백두산 천지의 1급수보다도 더 깨끗하고 신선한 웃음만을 드리는 MC계의 해양 심층수 ○○○입니다.

- 자기소개 ★★★

식혜에 가라앉은 밥알 같은 이 분위기를 뻥튀기처럼 뻥뻥 터지게 만들어 드릴 MC ○○○입니다.

- 자기소개 ★★★

저는 원래는 IT업계에서 일하는 것이 꿈이었어요! 그래서 공부도 많이 했고 전공도 컴퓨터공학과를 나와서 전공을 살려서 지금 현재 악플러로 활동 중입니다.

- 자기소개 ★★★

저는 현재 20억 규모의 사업체를 운영하고 있습니다. 매주 로또 복권을 사고 있어요. 제가 이렇게 많이 사다 보니까 로또 확률 높이는 강의를 들으러 창원까지 다녀왔습니다. 로또 확률 10배로 올리는 방법 알려 드릴까요? 10장 사세요!

- 자기소개 ★★★

여러분들에게 찌든 피곤함을 락스에 1시간 담가 놓은 와이셔츠처럼 때를 쫙 빼드리겠습니다. 여러분들의 최신형 드럼세탁기 MC ○○○입니다.

- 자기소개 ★★★

내리쬐는 봄 햇살 같은 환한 미소로 여러분들의 마음속에 기분 좋은 꽃 봉오리가 맺히게 해 드리는 MC ○○○입니다.

- 자기소개 ★★★

지루한 군 생활 중에 간간히 찾아오는 휴가만큼이나 달콤한 MC ○○○ 입니다.

- 자기소개 ★★★

여러분 마음속에 꽉 막혀 있던 웃음보를 기분 좋게 확 뚫어 드리는 까스 활명수 같은 MC ○○○입니다.

- 자기소개 ★★★

군 훈련소에서 몰래 먹는 초코파이처럼 짜릿하고 달콤한 MC ○○○입니다.

- 자기소개 ★★★

언제나 깔끔하고 시원한 웃음만을 선사해 드리는 비데 같은 MC ○○○ 입니다.

- 자기소개 ★★★

이제 더는 취한 목소리로 헤어진 여자친구에게 재부팅을 시도하지 않으셔도 됩니다. 외롭고 서글픈 마음은 저에게 얼마든지 털어놓으세요. 헤어진 이성 친구처럼 자꾸 생각나고 지금의 이성 친구처럼 편안한 MC ○○○ 입니다.

- 자기소개 ★★★

한여름에 군대 훈련을 마치고 마시는 청량음료처럼 여러분 가슴속의 갈증까지 말끔히 해소해 드리는 MC ○○○입니다.

- 자기소개 ★★★

자동차는 여러 부분으로 구성되어 있습니다. 그중에는 반영구적으로 쓸 수 있는 부분도 있고 때마다 교체하지 않으면 안 되는 부분도 있습니다. 엔진오일, 미션, 타이밍, 벨트 같은 부분이 바로 그렇습니다.

우리 인생의 어떤 부분을 때마다 교체해야 되는 건 아니지만 끊임없이 행복이라는 윤활유를 부어 주고 관리해야 합니다. 저는 여러분들의 삶을 행복 엔진오일, 행복 미션, 행복 타이밍, 행복 벨트가 되도록 꾸준히 관리해 드리도록 하겠습니다. 행복 정비사 MC ○○○입니다.

- 자기소개 ★★★

저와 함께할 이 시간부터 여러분들의 얼굴에서는 웃음이 자동분사 방식으로 쏟아져 나오게 되실 것입니다. 우울증은 정신병원에 키핑해 놓으시고 지금부터 웃음 오토매틱 자동 6단 MC ○○○과 함께 신나게 달려 봅시다!

- 자기소개 ★★★

삶은 계란 속 노른자 같은 퍽퍽한 진행은 이제 그만!

토종닭처럼 쫄깃쫄깃하고 살이 바짝 오른 생생함으로 행복과 재미만을 선사해 드리는, 토종 닭백숙 같은 MC ○○○입니다.

- 자기소개 ★★★

여러분들의 건조한 마음에 습기를 불어넣어 주는 MC계의 가습기 ○○○ 입니다.

- 자기소개 ★★

호루라기를 불면 터지는 뻥튀기처럼 웃음이 뻥뻥 터지는 MC ○○○입니다.

- 자기소개 ★★

저는 운동을 좋아해요 그래서 어려서부터 운동을 많이 했어요. 그렇게 보이지 않을 수 있지만 유단자입니다. 태권도 5단, 유도 3단, 자전거 26단 입니다.

- 자기소개 ★★

포카리스웨트인 줄 알고 먹었는데 워셔액을 먹은 느낌처럼 신선한 MC
○○○입니다.

- 자기소개 ★★

오늘 이곳에서 세상 그 어떤 나이트 조명보다도 밝게 웃게 해 드릴 MC
○○○입니다.

- 자기소개 ★★

너무 웃겨서 여러분들의 방광이 터질 수도 있습니다. 웃음 보톡스 MC ○
○○입니다.

- 자기소개 ★★

한 번 만나면 담배보다도 끊기 힘든 MC계의 니코틴 ○○○! 입니다.

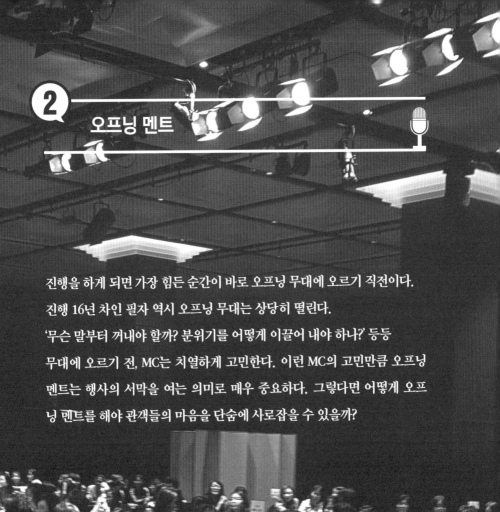

❷ 오프닝 멘트

진행을 하게 되면 가장 힘든 순간이 바로 오프닝 무대에 오르기 직전이다.
진행 16년 차인 필자 역시 오프닝 무대는 상당히 떨린다.
'무슨 말부터 꺼내야 할까? 분위기를 어떻게 이끌어 내야 하나?' 등등
무대에 오르기 전, MC는 치열하게 고민한다. 이런 MC의 고민만큼 오프닝
멘트는 행사의 서막을 여는 의미로 매우 중요하다. 그렇다면 어떻게 오프
닝 멘트를 해야 관객들의 마음을 단숨에 사로잡을 수 있을까?

MC 등장 멘트

① **계절 인사형:** 계절이나 날씨 이야기로 말문을 연다. 예를 들어 "봄은 여자의 계절이고 가을은 남자의 계절입니다. 그래서 여자분들은 봄에 더 결혼하고 싶어 하고, 남자분들은 가을에 더 결혼하고 싶어 하는데요. 지금은 가을인데 혹시 저와 결혼해 주실 분 없나요? 여자분들께서 의향이 없으시다면 남자도 괜찮습니다.

② **선물 공세형:** 준비된 선물이 있을 때 조금이라도 박수를 더 친 사람에게 선물을 주면서 분위기를 집중시킨다. 처음에는 한 명에게 선물을 주고 분위기가 무르익으면서 박수와 함성이 더 많이 나오면 나름대로 튀는 사람에게 선물을 준다. 꼭 선물이 없더라도 '보르네오가구 원목 이쑤시개', '놀이공원 자유이용권을 살 수 있는 매표소 약도' 등 재미있는 말로 선물을 대신할 수 있다.

③ **자기소개형:** 예전에 많이 썼던 방법인데 얼굴이 알려진 MC에게는 효과가 없다. 일단 무대에 올라가서 "오늘의 MC를 소개합니다. 조인성의 얼굴과 비의 몸을 가진 남자 MC ○○○!" 하고 무대 아래로 내려가는 척하다가 다시 올라와서는 "예, 제가 바로 ○○○입니다. 실망하셨나요? 괜찮아요. 저도 여러분 보고 실망했습니다!" 이런 식으로 자신이 직접 자기소개를하면서 등장한다.

④ **개인기 활용형:** MC가 가지고 있는 개인기가 있으면 그 개인기를 이용해서 관객들의 시선을 집중시킬 수 있다. 예들 들어 노래를 잘 부르면 노래를 하면 되고 춤을 잘 추면 춤을 추면 된다. 이렇게 개인기를 보여 주면 오프닝에서부터 MC의 존재를 각인시킬 수 있다.

(대회 진행)

눈에 뛰는 성공 뒤에는 눈에 뛰지 않는 준비가 있다! 로버트 슐러의 명언이죠! 지난 1년 동안 여러분들은 보이지 않는 곳에서 피나는 준비를 해 오셨습니다. 오늘 이 자리에서 준비하신 모든 것들을 모두 쏟아 내어 눈에 뛰는 성공으로 만들어 내십시오!

(동문 모임)

○○○ 동문분들 지금 이 시각, 이 자리에서 모두 함께하고 계신데요.

이런 것이 인연이 아닌가 싶습니다. 여기 계신 분들은 서로 약 30년 이상씩 연을 맺어 오신 분들이잖아요. 사실 우리나라는 인연을 중시합니다. 학연, 지연, 혈연 그리고 흡연까지! 이 중에 가장 필요치 않은 연이 흡연이죠. 자신에게도 안 좋고 다른 사람들에게 피해도 주는데도 꼭 동문 행사를 가면 흡연을 하시는 분이 계신데, 오늘 이 자리에는 한 분도 안 계시기 때문에 매우 즐거운 행사, 즐겁게 진행이 될 것 같습니다. 그러면 지금부터 ○○○ 동문 모임 행사를 시작하겠습니다.

(강의할 때)

여러분들 마음속에 안 좋은 생각들은 모두 삭제하시기 바랍니다.

그게 힘들다! 마음속의 모든 것들을 포맷하세요!

제가 여러분들 마음속에 행복이 가득한 프로그램을 깔아 드리겠습니다. 이제 본인의 머리에 있는 전원 버튼을 누르세요. (윈도우 효과음 이용)

(커플 이벤트)

사람마다 자신만의 향기를 가지고 있다고 하는데요. 그 향기는 얼굴만 봐도 느껴집니다. 이분은 아름다운 장미 향, 이 커플은 고소한 참기름 향, 그리고 이분은 청국장 냄새? 아유, 농담이고요. 이분은 청국장처럼 깊은 맛이 느껴지는 한마디로 편안하면서도 깊은 매력을 지니고 계신 것 같습니다. 자, 그러면 이제 옆에 있는 사람의 귀밑 향기를 맡아 보세요. 저기요, 남자분! 왜 혀가 나와요? 농담이고요. 네, 아무튼 결론은 이렇게 사람마다 나는 향기가 다르다는 것입니다. 이렇게 향기를 느끼면 상대방에게 호감을 느낀다고 하는데요! 느낀 분 계신가요?

(애드립) (예) 저분은 정말 느끼시는 것 같아요!

저도 여러분들께 호감을 얻기 위해서 좋은 향기를 드리겠습니다. (페브리즈를 뿌린다.)

(야유회 행사)

지금 이 자리, 이 자연을 즐기시기 바랍니다. 외국에 나갔을 때 산을 가니까 정말 그분들은 자연을 느끼시더라고요. 어떤 분은 나무에 귀를 대고 물이 흐르는 소리를 들으시고요. 또 어떤 분은 흙을 손으로 직접 만지면서 자연을 느끼시고요. 그런데 우리 어머님들, 등산 가서 나무만 보면 이러고 계십니다. (나무에 등을 치는 행동을 직접 보여 준다.) 그리고 더 놀라운 건 산 정상에도 노래방 기기가 있어요. 대단합니다! 부디 오늘만큼은 이 자연 그대로를 즐기시기 바랍니다.

(결혼식 사회 오프닝)

먼저 결혼식을 시작하기 전에 자리 정리하고 가겠습니다. 축의금을 10만 원 이상 내신 분들은 제일 앞에 있는 VIP석을 이용해 주시기 바랍니다. 그리고 5만 원 이상 내신 분들은 중간에 자리 만들어 놨습니다. 이용하시고요. 그리고 안 내신 분들은 음…… 서서 보시기 바랍니다.

가끔 가다가 축의금도 안 내셨으면서 이런 고유가 시대에 차만 가져오셔서 주차권 도장만 찍어 가시는 분들 계신데 걸리시면 그 자리에서 주먹으로 온몸에 도장을 찍어 드리겠습니다.

(연주회나 콘서트)

죄송합니다. 이제 콘서트를 시작해야 하는데 저희 악기가 하나 부족해요! (걱정되는 말투로) 여러분들이 도움을 좀 주셔야 하는데 아마 이 악기는 연주하실 수 있을 겁니다. 바로 여러분들의 박수라는 악기입니다. 큰 박수와 함께 ○○콘서트를 시작하겠습니다.

(음악회)

오늘 이 시간은 이 세상 그 어떤 물보다 여러분들의 마음속에 갈증을 말끔히 해소해 줄 음악 한 모금을 듣는 시간입니다. 귀를 기울여 들어 보세요. 음악이 여러분들의 마음을 촉촉하게 적셔 줄 것입니다.

(술집에서 진행할 때)

오늘 술값 내시는 분들, 손 들어 보세요! (손 들면) 정말 멋진 분들입니다. 빈대 붙는 분들, 손 들어 보세요! (손 들면) 이분들은 오늘 인연 끊으시고요. 혼자 사시는 여성분들? 손 들어 보세요! (손을 들면) 이런 여자를 꼬시란 말이야!

* 술집 특성상 19금 진행이기 때문에 약간 조심하셔야 하는 멘트입니다.

(어린아이와 어른들이 함께 있는 행사)

어린이 여러분 안녕하세요? ("안녕하세요!")

대단합니다. 아이들이 유치원생인데 목소리는 벌써 변성기네요.

어린이 친구들만 안녕하세요! ("안녕하세요!")

우리 친구들 목소리가 개미 방귀만 해요! 코끼리 방귀만 한 목소리로 다시 한번 해 볼게요! 어린이 친구들만 안녕하세요! ("안녕하세요!")

아이들의 목소리를 들으니까 힘이 나고 기분이 좋아지네요!

어른들만 안녕하세요! ("안녕하세요!")

혹시 집안에 안 좋은 일 있으세요? 왠지 우울해지네요!

우리 어른 분들도 어릴 때로 돌아가서 다같이! 인사할게요! 안녕하세요!

(뷔페에서 행사할 때)

한국 사람들이랑 술집에 가면 외국 사람들이 깜짝 놀란다고 해요.

왜냐면 우리나라 사람들은 남들이 술값 내는 걸 잘 못 봐요! 근데 이런 것도 두 가지 스타일이 있어요. 남들 술값 낼 때, "네가 내는 거 못 봐. 내가 낼게!"

이러면서 자기가 내는 스타일, 그리고 큰소리 뻥뻥 치고 진짜로 돈을 내야 할 때는 어디 가고 없는 그런 스타일이 있습니다.

내 옆에 있는 사람이 후자다 하시는 분!

이분들 같은 경우는 정말 생활력이 강하신 분들입니다.

(지역 행사)

이 (지역)에는 외모가 아름다운 분들만 계시다고 들었는데, 오늘은 관광객분들만 오셨나 봐요?

(중·고등학교 행사)

이름이 가장 크게 불린 담임 선생님을 모셔서 개인기를 보도록 하겠습니다. 하나, 둘, 셋! 네? 누구 선생님? 뭐라고 하는 거예요! 한 명씩 얘기해! 아무래도 오늘 선생님들 개인기를 보기는 힘들 것 같네요. 지금까지 단 한 번도 선생님 개인기를 본 적이 없어요. 이유는 딱 하나, 선생님 이름이 정확하게 안 들려요!

(여름 행사)

이렇게 더운 여름날에는 아무리 근면 성실한 개미라도 굴속에서 다리를 꼬고 앉아서 팥빙수나 얼음을 동동 띄운 스타박스 냉커피를 먹고 있을 겁니다. 여러분들에게 제가 바로 그런 팥빙수와 냉커피가 되어 드리겠습니다. MC ○○○입니다.

(개인기를 활용한 오프닝)

제가 오늘 이렇게 찾아온 이유는 여러분들께 멋진 선물을 드리기 위해서입니다. 그 선물은 바로 행복이라는 선물인데요. 그런 의미에서 행복해지는 방법 3가지를 말씀드리겠습니다.

행복해지는 방법 첫 번째, 인사하기입니다. 주위에 있는 친구들에게 인사 한번 해 보도록 하겠습니다.

행복해지는 방법 두 번째, 칭찬하기입니다. 옆에 있는 친구와 칭찬하는 시간을 잠시 가지도록 하겠습니다.

행복해지는 방법 세 번째, 웃음입니다. 웃을 때 소리는 내지 않고 웃으시는 분들이 계세요. 여러분들에게 웃음을 드리기 위해 개인기를 준비했습니다. (개인기 보여 주기)

오프닝 멘트의 선물 활용 포인트

1. 오늘 오신 여러분들 중 몇 분께 선물을 드리도록 하겠습니다.

선물 받고 싶으신 분들은 지금 손을 번쩍 들어 주세요! ("저요! 저요!")

· 가장 먼저 손을 든 사람에게 선물을 준다.

· 선물을 주는 이유는 호응만 하면 쉽게 선물을 준다는 인식을 심어 줌으로써 진행할 때 관객들의 반응을 더 쉽게 이끌어 내기 위함이다.

2. 먼저 이성 친구 없으신 분들! ("저요! 저요!")

클럽 가세요!

3. 그리고 나는 돈이 필요하다! 손 들어 보세요! ("저요! 저요!")

제가 아는 산와머니 직원 소개 시켜드릴게요. 농담이고요.

제가 진짜 선물을 준비했습니다. 돈 주고도 살 수 없는 웃음과 행복을 여러분들에게 가득 담아 드리겠습니다.

4. 지금 청바지 입고 계신 분? 아니면 안경 쓰고 계신 분? (저요!)

네, 선물 드리겠습니다!

제일 멀리서 오신 분 계세요? 어디요, 어디? (부산이요!)

부산이요? 축하드립니다. 그냥 물어봤어요.

※ 선물을 한 번 주고 나서 MC가 질문을 하면 선물을 받기 위해서 앞다투어 소리를 지른다. 위의 멘트는 바로 그런 점을 이용하는 것이다. "부산이요!"라고 할 때 이미 선물을 받겠다는 생각을 하고 크게 소리를 치는데 이때 반전을 넣어 그냥 물어봤다는 말을 하면 웃음을 유발할 수 있다.

5. 선물을 받고 싶은데 태어나서 지금까지 단 한 번도 선물을 받아 본 적이 없다! 계세요? 이분들은 오늘도 못 받습니다.

6. 선물 받고 싶다 하시는 분, 박수! 선물 받고 싶다 하시는 분, 벌떡 일어나세요! 선물 받고 싶다! 옵션으로 소리쳐 주세요. 옵션으로 방방 뛰세요! 선물 받고 싶다! 옵션으로 댄스 갑니다. 안 하면 내가! (혼자서 춤추고 선물을 챙기는 척하다가 관객한테 주고) 이건 제가 주는 겁니다.

오늘 보니까 꽃같이 아름다우신 분들이 많습니다. 먼저 여기 여자분은 빨간 장미 같으세요. 빨간 장미는 사랑을 의미하죠? 어떤 남자라도 이분을 보면 첫눈에 반할 것 같아요! 이분은 노란 국화! 국화는 금전을 의미하죠? 왠지 돈이 많으실 것 같아요. 럭셔리합니다. 그리고 이분은 벚꽃 같아요! 벚꽃은 순결함을 의미하죠? 청순해 보이십니다. 그리고 이쪽 (잠깐 쉬었다가) 이끼가 꼈네요! 너무 실망하지 마세요! 이끼는 부모님의 사랑을 의미하죠? 이분을 보니까 왠지 모성애가 느껴집니다. 우리 어머님같이 편안하네요!

나라에 따라 흔히 경제 개발 정도에 따라서 선진국과 후진국, 그리고 개발도상국으로 나뉘는데요. 사람도 이런 기준으로 나뉠 수가 있습니다.

박보검, 조인성, 박서준…… 이런 분들은 선진국입니다. 얼굴에 자원이 풍부해요. 하지만 저같이 자원이 부족한 후진국의 얼굴을 가진 사람들은 어려서부터 기술 개발에 힘을 써야 합니다. 여기 계신 이분은 거의 다 기술 개발이 필요 없으실 것 같습니다.

하루를 행복하게 보내려면 미용실에 가고,

일주일을 행복하게 보내려면 휴대폰을 바꾸고,

한 달을 행복하게 보내려면 이사를 가고,

1년을 행복하게 보내려면 애인을 만들고,

평생을 행복하게 보내려면 늘 웃으면 된다고 합니다.

다 같이 신나게 한번 웃어 보겠습니다.

- 오프닝 ★★★★

여러분들 그룹 유리상자 아시죠? 오늘 그 유리상자분들께서 오시려고 했는데 오시다가 유리상자가 깨져서 못 오신다고 합니다.

- 오프닝 ★★★★

오늘은 특별히 거미 씨가 오셨습니다. 여러분들도 아시겠지만 바닥을 기어 다니시니까 밟지 않도록 조심하시기 바랍니다.

- 오프닝 ★★★★

사람이 80년의 인생을 산다면 26년을 잠을 자고, 21년을 일을 하고, 9년은 먹고 마시지만, 웃는 시간은 겨우 20일뿐이라고 합니다.

하지만 하루 15초만 웃어도 수명이 이틀은 연장되고, 하루 45초만 웃어도 스트레스를 이길 수 있게 되고 덕분에 행복이 커진다고 합니다.

오늘 저와 함께하는 2시간 동안 계속 웃게 만들어 드리겠습니다. MC ○○○입니다.

- 오프닝 ★★★★

오늘 많은 선물이 준비되어 있는데요. 난 선물을 꼭 받고 싶다 하시는 분들, 지금 손 들어 보세요!

제가 선물 받는 방법 한 가지 가르쳐 드리고 시작하겠습니다.

알람을 20분 뒤로 맞춰 놓으세요. 20분 뒤에 일어나셔서 혼자서 댄스를 추시면 선물을 드립니다. 대단한 용기가 없으면 힘들어요. 남들 다 게임하고 있는데 혼자서 댄스를! 모르는 사람이 봤을 때는 정상이라고 보기가 힘들죠. 하지만 선물을 받기 위해서라면 할 수 있으리라 생각합니다.

(* 오프닝멘트로 이런 장치를 걸어 놓으면 중간에 실제로 하는 사람이 있을 경우 재미있는 분위기를 연출할 수 있습니다.)

여기 남자분들 중에서 이제 군대 가시는 분들 계세요? ("저요!") 축하드립니다! 우리나라와 미국 사람들을 대상으로 군대 가기 전에 어디가 좋아지는지를 조사했습니다.

먼저 미국 사람들은 군대 가기 한 달 전부터 운동을 해서 체력이 좋아졌고요. 우리나라 사람들은 군대 가기 한 달 전부터 만날 술만 퍼 마셔서 주량이 좋아졌다고 합니다!

뷔페, 어떻게 맛있게 드셨어요? ("맛있어요!") 그렇죠? 재료가 다 유기농이거든요. 채소와 과일을 직접 재배합니다. 치킨은 뷔페 옥상에 있는 양계장에서 잡은 닭으로 만든 겁니다. 여기 사장님께서는 국내산 한우를 베란다에서 직접 키우고 있으십니다. 농담입니다. 비록 음식은 유기농이 아니지만 유기농 음식처럼 신선하고 건강 진행으로 함께하겠습니다.

여러분 더우시죠? 지금 많이 더우신 분들은 손 한번 들어 보세요!

더운 걸 참으면 열사병에 걸릴 위험이 있기 때문에 지금 너무 힘드신 분들은 참지 마시고 저희 스태프에게 바로 말씀해 주세요. 그 자리에서 저희가 등목을 해 드리니까, 저희 스태프가 다가오면 웃통 까고 대기하시면 됩니다.

반갑습니다. 오늘 보니까 연인분들이 상당히 많이 오셨는데요.

특히 이분들! (연인을 보며) 이분들은 정말 사랑하시는 분들입니다.

외모는 보지 않고 오로지 마음만 보며 사랑하시는 이분들이야말로 진정한 사랑을 하시는 분들입니다. (계속 뚫어져라 보다가) 보면 볼수록 두 분의 사랑이 대단하다는 것을 느낄 수가 있습니다.

- 오프닝 ★★★★ (강의)

벽을 내려치느라 시간을 낭비하지 마라! 그 벽이 문으로 바뀔 수 있도록 노력해라! 지금부터 여러분들 인생의 문을 열어 드리겠습니다.

- 오프닝 ★★★★ (강의)

"나는 아직 배우는 중이다. 모든 것을 알 수는 없으며 '배움에는 끝이 없다'는 사실을 아는 것이 훌륭한 리더가 되기 위한 조건이다."

앤 멀 캐이 제록스 회장의 말입니다. 지식이 급속도로 진부화되는 현대 사회에서 끝없이 학습하지 않고서 성공하는 방법은 없습니다.

평생 학습의 즐거움을 누려야 하는 이유입니다.

- 오프닝 ★★★★ (강의)

누군가에게 미소를 한번 지어 주고 격려의 손길을 한번 건네고, 칭찬하는 말 한마디를 하는 것은 자신의 양동이에서 한 국자를 떠서 남에게 주는 것과 같다. 즉, 남의 양동이를 채워 주는 일이다. 희한한 것은 이렇게 퍼 주고도 제 양동이는 조금도 줄지 않는다는 사실이다. 윌리엄 미첼의 명언이죠! 오늘은 옆 사람에게 칭찬하면서 시작해 보도록 하겠습니다.

- 오프닝 ★★★★

제가 행사를 다녀 보면요! 행사의 가장 중요한 내용은 앞에 있는 현수막에 다 있습니다. 저번에 담배인삼공사에 행사를 갔는데 현수막에 담배로 해친 건강, 인삼으로 되찾아…… 저는 그날 알았어요. 담배와 인삼을 합쳐서 담배인삼공사를 만든 이유를…….

- 오프닝 ★★★ (장기자랑)

오늘 장기자랑을 시작하도록 하겠습니다. 먼저 오늘 장기자랑 심사기준을 말씀 드리겠습니다. 아주 심플합니다. 먼저 음정 5점, 박자 5점, 무대매

너 5점, 외모 85점입니다.

- 오프닝 ★★★ (대학교 OT)

신입생분들, 이제 성인 되신 것을 축하드려요!

아마 여기 계신 분들 다들 대학생 되면 하고 싶은 것도 많고 가고 싶은 곳도 많을 것 같아요!

먼저 여성분들, 손 한번 들어 주세요! 이제 남자친구 사귈 수 있어요!

남자분들, 손 들어 보세요! 이제 군대 가야 돼요.

- 오프닝 ★★★

무엇이 여러분들을 행복하게 해 주나요? 월드컵의 16강 진출? 그리고 아름다운 여자의 데이트 신청? 설레죠? MC ○○○과 함께라면 언제나 생애 최고의 순간에 버금가는 행복만을 맛보게 해 드리겠습니다. MC ○○○입니다.

- 오프닝 ★★★

한 심리학자의 연구에 의하면 인간의 일생 중 30%의 시간은 유쾌하지 못한 정서 상태를 보인다고 하는데요. 이 때문에 평균 수명이 10년씩 줄어든다고 합니다. 지금부터 저와 함께하시면 인생의 100%가 모두 유쾌해질 것입니다. MC ○○○입니다.

- 오프닝 ★★★

좋은 사람과 떠나는 여행은 그 자체로 행복입니다. 가장 행복한 여행을 떠나는 지금, 여러분들을 이 여행에 초대하겠습니다. MC ○○○입니다.

- 오프닝 ★★★

우리 여성분들, 새해만 되면 다짐을 많이 합니다.

"나, 새해부터 다이어트 할 거야! 지금 먹고 내일부터 안 먹을 거야!"

근데 이상한 건 저희 누나(와이프)는 365일 다이어트 중인데도 살이 빠지질 않아요!

- 오프닝 ★★★

바른 지 12시간 지난 파스처럼 민숭민숭한 진행이 아닌 고속도로에서 갓 구운 오징어처럼 쫄깃하고 따끈따끈한 진행을 약속드리겠습니다. MC ○○○입니다.

- 오프닝 ★★★

저희 행사를 보실 때 주의사항이 몇 가지 있습니다. 먼저 웃다가 배꼽이 빠질 수도 있으니까요. 단단히 잡아 주시기 바랍니다. 가끔 가다가 잃어버리시고 찾아 달라고 하시는데 잃어버린 배꼽에 대해서 저희는 책임이 없습니다. 그리고 MC가 너무 잘생기다 보니까 행사 끝나고 연락처를 달라고 하시는 여성분들이 많으신데 다시 한번 말씀드리지만 그런 분들은 대환영입니다.

- 오프닝 ★★★

여성분들은 화장을 합니다. 또 성형수술도 많이 합니다. 왜 할까요? 물론 예뻐 보이려고 하는 것이겠죠? 그런데 이 세상에서 가장 아름답게 보이도록 하는 화장법이 있다고 합니다. 바로 웃음 짓는 것인데요. 오늘 여러분들에게 웃음 화장을 해 드릴, 웃음 메이크업 아티스트 MC ○○○입니다.

- 오프닝 ★★★

사람은 완벽한 존재가 아니기에 눈앞의 존재에만 집착을 합니다.

눈앞의 돈! 눈앞의 여자! 눈앞의 모든 이익들!

여기 계신 분들은 눈앞에 나무가 아닌 숲을 볼 수 있는 안목을 가진 분들이시기 때문에 눈앞에 있는 선물이 아닌 평생 기억에 남을 추억을 위해서 열심히 해 주시리라 믿습니다. 이런 선물, 필요 없잖아요!

이 선물, 필요하다 계십니까?

(대답하기 전에 빨리 오버랩으로) 아무도 안 계시네요!

역시 대단하십니다. 이 선물은 제가 가지고 가겠습니다.

- 오프닝 ★★★

미국에서 가장 인기 있는 동화 작가이자 화가인 타샤 튜더는 자신은 행복한 사람이라고 말했습니다. 타샤에게 행복이란 무엇이냐고 묻자, 그녀는 "세상의 우울함은 그림자에 지나지 않습니다. 그 뒤 우리 손에 닿는 곳에는 행복과 기쁨이 있습니다."라고 말했습니다. 여러분들께서 마음의 문을 열어 주시면 여러분이 서 있는 바로 이곳에서 행복을 가득 느낄 수 있도록 해드리겠습니다.

- 오프닝 ★★★

보통 여성들이 남성보다 평균수명이 길다고 합니다. 이것은 감정을 밖으로 드러내는 능력이 남성보다 여성이 더 뛰어나기 때문인데요. 오늘만큼은 남녀 상관없이 마음의 문을 열고 이 순간을 함께해 주시기 바랍니다.

- 오프닝 ★★★

요즘 제가 근육을 키우고 있습니다. 이쪽이 이두, 이쪽이 삼두, 넌 대두!

* 손으로 근육을 만지면서 멘트를 치고, 마지막 대두에서는 상대편을 가리킨다.

- 오프닝 ★★★

요즘 국민 여동생이다, 국민 남동생이다, 이런 말들이 유행하는데요.

나는 국민 여동생으로서 자격이 있다 하시는 분은 지금 자리에서 일어나세요. 아, 저분! 저분은 국민 여동생이나 아니라 그냥 국민인데요?

- 오프닝 ★★★

여기 군대 안 다녀오신 분 계세요? 요즘 군대 가는 거 꺼리시는 분들 많이 계신데, 저는 군대가 도움이 많이 되었어요! 그래서 하는 말인데 연예인 분들 다들 군대 갔으면 좋겠어요! 트와이스도, 레드벨벳도!

- 오프닝 ★★★

하루 5분 웃으면 3시간 스트레칭한 것과 똑같은 칼로리 소모 효과가 있다고 합니다. 오늘 저와 함께하시면 10kg는 족히 빠져서 집에 돌아가실 수도 있습니다. 참고로 저번에는 1시간 정도 함께하셨다가 영양실조로 병원에 입원하신 분도 계십니다. 오늘도 저와 함께 다이어트한다고 생각하시고 많이 웃어 주시기 바랍니다.

- 오프닝 ★★★

제가 원래 미인분들이 앞에 계시면 떨려서 실력 발휘를 잘 못합니다. 그런데 오늘은 이렇게 보니까 실력 발휘를 200%, 300% 할 수 있을 것 같네요. 특히 이분 보니까 하나도 안 떨리네요, 우리 이모 보는 것 같아요!

- 오프닝 ★★★

오늘 오신 방청객분들 중에서 가장 아름다우신 분께 이 장미를 드리겠습니다. (여자 관객에게 주고) 옆의 분에게 전해 주세요. 떨려서 제가 직접 못 드리겠거든요.

- 오프닝 ★★★

안녕하세요, 역대 MC 중 가장 잘생긴 ○○○입니다. 여러분, 저 잘생겼죠? (관객의 반응이 별로일 때)

못생겼어요? ("네!")

아, 잠깐만요. 다른 분들이 저한테 못생겼다고 하는 건 이해하겠는데 이분이 저한테 그러시는 건 도저히 이해가 안 되네요.

- 오프닝 ★★★

요즘은 MC들이 인사를 대충해요. 하지만 저는 정중하게 해 드리겠습니다. (90도로 인사) 이걸로 모자라요! (큰절하고 한 번 더 큰절을 한다. 그리고 고개를 숙이고 엄숙한 표정을 지으며 기도를 한다.) 아! 지금 제가 두 번

큰절을 하니까, 저 뒤에 나이 지긋하신 아버님께서 역정을 내시는데 이건 개그입니다! 개그는 개그로 받아 주시기 바랍니다.

- 오프닝 ★★★

요즘 신용 불량자가 굉장히 많다고 합니다.

오늘은 제가 그 빚을 모두 다 해결해 드리겠습니다.

지금 돈 필요하신 분들은 손 들어 보세요!

1. (손 들면) 서울에서 가장 유명하신 사채업자 한 분 소개시켜 드리겠습니다. 선이자 50%에 이유 없이 3회 이상 연체할 시에는 새우잡이배를 태워 드리겠습니다.

2. (손을 안 들면) 나중에라도 돈 필요하실 때 서울에서 가장 유명하신 사채업자 한 분 소개시켜 드리겠습니다. 선이자 50%에 이유 없이 3회 이상 연체하면 새우잡이배를 태워 드리겠습니다.

- 오프닝 ★★★

박수는 3가지 효과가 있습니다! 먼저 혈액순환이 잘 돼서 피부가 고와지고 스트레스가 확 풀립니다. 그리고 세 번째로 모기를 때려잡을 수 있습니다! (모기를 때려잡는 시늉을 하며)

- 오프닝 ★★★

개인기나 재미있는 멘트를 하고 나서 (관객 웃음) 지금이 웃을 타이밍이에요. 언제 웃어야 할지 모를 때는 그냥 제가 배를 만질 때 웃으세요! (배를 만지며) 지금 웃으시면 됩니다. 지금 웃으시라고요! (손 떼고) 지금 웃는 사람은 도대체 뭡니까? 웃으라고 할 때 안 웃고!

* 중간중간 배를 만지면서 타이밍을 못 맞추는 관객에게 화를 낸다.

- 오프닝 ★★★

오늘의 행사를 위해서 주최 측에서 3억 원을 들여서 문에 센서를 달아 놓았습니다. 미인이나 미남이 아니면 들어올 수가 없는데 잠시 고장이 나서 그때 저랑 다른 두 분이 들어왔습니다. 아, 저기 계시네요. 안녕하세요!

- 오프닝 ★★★

"오늘따라 예쁘신 분들이 너무 많이 오셔서 눈이 부시네요. 선글라스를 끼고 진행해야 할 것 같아요. 아, 여기서는 벗어도 되겠네요." 하며 벗는다. "오늘이 며칠이죠? 아, 오늘이 제 생일이네요. 당신의 눈빛으로 저는 오늘 다시 태어났습니다."

* 느끼한 목소리로 멘트를 하는 것이 중요하다.

- 오프닝 ★★★

브리태니커 백과사전을 보면 키스의 의미가 적혀져 있습니다. 손등에 하는 키스는 존경, 이마에 하는 키스는 우정, 뺨에 하는 키스는 호감, 눈시울에 하는 키스는 동경을 상징합니다. 그리고 이외의 키스는 다 변태입니다.

- 오프닝 ★★★

원래 오늘 연예인분들이 오시려고 했는데 저희 사장님이 돈이 없어서 안 부르신 게 아닙니다. 걔네들 오면 말이 많아요. 조명이 어쩌니, 무대가 어쩌니, 바닥이 어쩌니, 관객들 수준이 어쩌니, 사장이 어쩌니…… 하지만 저는 마이크가 안 나오면 생 목소리로, 무대가 없으면 키높이깔창 끼고, 무슨 일이 있든 간에 어떤 상황에서도 최선을 다해서 묵묵히 열심히 진행합니다. 오늘도 열심히 여러분들의 웃음과 행복을 위해서 노력하겠습니다. MC ○○○입니다.

- 오프닝 ★★★

요즘에는 스타일 좋으신 분들이 굉장히 많으세요. 오늘 오신 관객 분들 중에도 몇 분 보이시네요. 뉴요커 스타일! 바로 옆에 계신 분은 리어카 스타일이에요.

- 오프닝 ★★★

커플 있으세요? 제가 진행할 때는 죄송하지만 커플분들에게는 선물이 없습니다. 왜냐면 이분들은 신께서 내려 주신 가장 큰 선물을 옆에 두고 있기 때문입니다.

- 오프닝 ★★★

행복해서 웃는 것이 아니라 웃어서 행복한 것이다! 진정한 웃음은 아무 이유 없이 웃는 것이다. 마치 어린아이의 웃음처럼 순수하고 맑게(바보처럼 웃는다! '헤헤') 행복을 즐겨야 할 시간은 '지금', 즐겨야 할 장소는 '여기'입니다. 아이처럼 순수한 마음으로 다 같이 웃으면서 출발하겠습니다.

- 오프닝 ★★★ (19)

클럽에 가면 남자분들, 자랑이 엄청 심합니다. 근데 지역에 따라서 자랑하는 모습이 달라요. 일단 강남에 가면 손을 이용한 춤을 많이 춥니다. 명품 시계를 자랑하느라 정신이 없습니다. 또 강북에 가면 발을 많이 씁니다. 명품 구두 자랑! 지방 관광나이트 국빈관이나 백악관 가면 신들린 듯 온몸을 흔드시는 분들이 계세요. (향수 자랑 하는 겁니다. or 그냥 술 취한 겁니다.)

- 오프닝 ★★★ (19)

제가 소개를 했을 때 크게 환호해 주시는 분들에게 선물 드리겠습니다.

안녕하세요. MC ○○○입니다. 이분은 목소리가 왜 이래요? 혹시 어디서 혼자 막걸리 드시고 오신 거 아니에요?

- 오프닝 ★★★

여러분, 오래 기다리셨습니다. 잠시 후 10분 뒤에는 (연예인) ○○○ 씨 아시죠? 그분의 사진을 보여 드리겠습니다.

네, 여러분 안녕하세요? 저 TV에도 나왔었는데…… 저 아시죠?

모르세요? 저도 여러분 잘 몰라요.

캘리포니아주립대 연구 결과 여성이 5초 이상 남성을 응시하는 것은 매력을 느끼고 있음을 의미하는 것이라고 합니다.

그리고 남성이 여성을 5초 이상 응시하는 것은 정상입니다.

제가 지금 인사를 드릴 텐데 분위기가 좋으면 선물을 뿌리고 분위기가 좋지 않으면 물을 뿌리겠습니다. 인사드리겠습니다. MC ○○○입니다. (하고는 물을 뿜으려다가 꿀꺽 삼킨다.)

이 더운 여름날, 은행에 있는 초대형 에어컨 같은 시원한 공연만을 여러분에게 선보여 드리겠습니다.

오늘 이 시간, 제가 여러분 인생에 행복이라는 영화를 만들어 드리겠습니다. MC계의 크리스토퍼 놀란, 봉준호, 스티븐스필버그 MC ○○○입니다.

네, 그럼 시작하기 전에 몸을 먼저 풀겠습니다. 약간 유치할 수도 있지만 먼저 검지를 펴세요. 코로 가져가시고 코코코코코코코, 입! 코코코코코코코, 귀! 코코코코코코, 겨드랑이! 코코코코코코코, 혓바닥! 네, 지금까지 코 수술했는지 확인해 보았습니다.

요즘 제가 꽃을 키우고 있는데요. 다른 거 없이 물만 주는데도 하루가 다르게 쑥쑥 잘 자라더라고요. 그래서 저는 물뿌리개를 늘 가지고 다닙니다. (물뿌리개로 다리에 물을 뿌리면서 "자라라! 자라라!" 앞에 관객 다리를 보고 물을 뿌리려고 시늉을 하며 "자라라! 자라라!") 이렇게 하다 보면 언젠가는 자라겠죠. 내일 모레 환갑인 저희 아버지께서도 저보고 키가 클 지도 모르니까 우유를 먹으래요. 아버지께서는 아직도 키가 크고 있다고 하시더라고요. 그래서 저도 희망을 가지고 있습니다.

- 오프닝 ★★

지금 7억을 들여서 지하 3,000m에 있는 천연 암반수를 뽑아 올리고 있습니다. 매일 아침 5시마다 이 물을 뜨러 오시는 분들이 계세요. 심지어는 화장실 물도 지하 3,000m에 있는 암반수를 사용하는데 물 한번 드셔 보세요! 지금 여러분들이 드시는 물이 바로 그 물입니다.

- 오프닝 ★★

이분은 점점 예뻐지시는 것 같아요. 이 상태로 계속 나가신다면 46세 정도 되시면 아주 미인이 되실 것 같아요. 그때가 되면 제가 망설임 없이 프러포즈할게요!

- 오프닝 ★★

오늘 바쁜 가운데서도 연예인 분들이 많이 자리해 주셨습니다. 한가인 씨, 전지현 씨, 송혜…… 전국노래자랑 송해 선생님까지요.

- 오프닝 ★★

요즘 다이어트 때문에 고생하시는 분들이 많으실 것 같아요. 그래서 제가 체중 줄이는 비법 5가지 가르쳐 드릴게요. 땀 닦기, 귀지 파기, 코딱지 파기, 머리 뽑기, 비듬 털기!

* 빨리 말하는 것이 주요 포인트입니다. 외워 놓으시면 유용하게 사용하실 수 있습니다.

- 오프닝 ★★

오늘은 정말로 예쁘신 분들이 많이 오셨네요. 이분, 저분, 요분…… 아니 그냥 많네요. 역시 렌즈를 안 끼니까 예뻐 보이고 좋네요. 가까이 가 보겠습니다.

(깜짝 놀라면서) 안 끼고 오길 참 잘한 것 같아요.

- 오프닝 ★★

TV에서 저 보신 분 있으십니까? 아니, 왜 아직도 못 보신 분들이 있죠?

스마트폰은 보급이 되었는데, 아직까지 TV가 보급이 안 된 집이 좀 있더라고요. 그런 분들은 TV에서 저를 못 봤을 겁니다!

- 오프닝 ★★

윙크 잘하시는 분께 선물 나갑니다. 근데 이분은 눈이 너무 작아서 윙크를 하시는 건지 안 하시는 건지를 잘 모르겠어요. 여름에 수영하실 때 좋으실 것 같아요. 물안경 안 써도 눈 안에 물이 안 들어오니까요!

- 오프닝 ★★

오늘 오신 관객분들이 어디 있을 텐데…… 정말 잘생기고 예쁘고 귀여운 분들이 어디 있을 텐데……

- 오프닝 ★★

예쁘고, 섹시하고, 잘생기고, 지적이고, 멋진 분들은 어제 오셨다가 다들 가셨나 보네요.

- 오프닝 ★★

자, 웃을 준비 모두 되셨죠? 이제 서서히 미소가 피어납니다. 아직도 미소가 피어나지 않는 분들은 제가 다가가서 입꼬리를 세게 한번 당겨 드리겠습니다. 제가 다가가면 '아, 저놈이 내 입을 당기러 오는구나.' 하고 마음의 준비를 하시기 바랍니다.

옷깃만 스쳐도 인연이라고 합니다. 오늘 여러분과 좋은 인연을 맺게 되어서 정말로 기쁩니다. 인연이 잘되면 연인 사이가 된다고 합니다. 인연이 연인으로 발전하지 못하고 그대로 떠나 버리면 전 이렇게 말할 거예요. 야, 인연아! 오해하지 마세요. 욕한 거 아니에요!

애인 없으신 분 있으세요? (남자 한 명과 여자 한 명이 손을 들면)

서로 소개팅하세요! 이 두 분은 앞으로 나오세요. 제가 선물을 드리겠습니다. 이 두 분께 드릴 선물은 바로 본인 앞에 있는 이성입니다.

어제는 굉장히 예쁘신 분들이 많이 오셨는데 그분들 다 어디 가시고……
(다소 실망한 목소리로) 오늘도 이렇게 뷰티풀하시고 아름다우신 분들만 오셔서 기분이 무척 좋습니다.

연구결과에 따르면 잘 웃는 사람이 아이큐도 좋다고 합니다. (계속 웃는 사람에게) 저분은 아이큐가 좋은 사람입니다. (그래도 계속 바보같이 웃으면) 물론 예외도 있습니다.

일단 많이 웃기려면 기대를 하게 하면 안 돼요.
저는 정말 재미없는 사람입니다. 재미없는 거 보여 드리겠습니다. (개그)
그것 보세요! 저는 정말 재미없는 사람입니다.

오프닝 음악 활용법

　관객들에게 웃음을 주는 것 MC에게는 필수 과제이다. 하지만 웃음을 준다는 것은 늘 어렵기 마련이다. 늘 먹혔던 멘트가 또 다른 자리의 다른 대상들에게는 먹히지 않는 경우가 있고, 그 반대의 경우도 왕왕 있다.

　그 이유는 대상들에 따라 성향이 달라서이기도 하지만 그 멘트를 한 MC에게도 이유가 있다. 멘트를 할 때 웃음이 나오려면 상황, 타이밍, 호흡 등 많은 것들이 정확하게 맞아떨어져야 하는데 그것이 잘 맞지 않을 수도 있기 때문이다. MC가 로봇이 아니기 때문에 컨디션에 따라 모든 것이 달라질 수 있는데 이런 상황들을 대비해서 프로페셔널 진행자는 컨디션에 영향을 받지 않고 쉽게 웃음을 유발할 수 있는 장치를 여러 가지 만들어 놓는 것이 좋다. 그 장치가 바로 음악이다. 음악은 MC의 컨디션에 구속받지 않고 늘 어떤 자리에서도 웃음을 유발할 수 있기 때문에 장치만 만들어 놓으면 분위기가 나오지 않을 때 비상용으로 사용할 수 있다.

웃음을 주는 음악의 법칙 1

분위기에 맞는 음악을 틀어서 웃음을 유발한다

　각 테이블에 어울리는 음악을 틀어 준다. 1번 테이블은 (정장 입은 남자) 클래식, 2번은 (촌스러운 남자) 전원일기, 3번은 (여자끼리 온 테이블의 경우는) 섹시한 음악, 4번은 (남녀 커플) 바람났어

웃음을 주는 음악의 법칙 2
음악을 활용해서 특별한 이벤트를 만들어 준다

커플이나 여자친구가 같은 장소에 있는 사람이 앞으로 나올 경우, 분위기 좋은 음악과 함께 멋진 프러포즈 시간을 만들어 준다.

웃음을 주는 음악의 법칙 3
방송 음악을 활용해서 한 사람의 캐릭터를 잡아 준다

어디서 많이 본 것 같은데…… (공개수배 BGM)

웃음을 주는 음악의 법칙 4
방송 음악을 활용해서 재미있는 분위기를 연출한다.

지금부터 저를 송해 아저씨라고 생각해 주세요. (송해 MC처럼) 안녕하세요! 다시 한번 안녕하세요. 지금부터 ○○○○노래자랑을 시작합니다. (송해 전국노래자랑 BGM)

③ 인터뷰 멘트

인터뷰란?

사전적 의미: 특정한 목적을 가지고 개인이나 집단을 만나 정보를 수집하고 이야기를 나누는 일.

인터뷰에서 가장 중요한 요소는 편안함과 순발력이다.

우선 상대방이 편안함을 느껴야 친구와 이야기하듯이 마음 깊은 이야기를 이끌어 낼 수 있고 순발력이 있어야 상대방의 대답을 순발력 있게 받아칠 수 있고 보는 사람들도 재미있는 인터뷰를 할 수 있다. 지금부터 순발력과 편안함, 이 두 가지 토끼를 모두 잡을 수 있는 인터뷰 멘트를 배워 보자!

◀)) 인터뷰에서 가장 중요한 것

인터뷰에서 가장 중요한 점은 바로 상대방으로부터 만족할 만한 대답을 이끌어 내는 것이다. 하지만 이는 생각처럼 쉽지가 않다. 사람은 본능적으로 처음 본 사람에게는 자신의 속을 내비치는 것을 꺼리는 속성이 있다. 무대에 처음 오른 사람들이라면 더욱 그럴 것이다.

그 때문에 누군가가 처음으로 무대에 올라 왔을 때는 첫 질문으로 이름, 사는 곳, 하는 일처럼 대답하기 쉬운 질문부터 하는 것이 좋다. 이렇게 쉬운 질문을 하고 대상에게 대답을 듣고 받아치고 하면서 상대방의 조금씩 마음의 문을 열어 갈 때 조금씩 디테일한 질문으로 자연스럽게 넘어가면 더욱 좋은 인터뷰를 이끌어 낼 수 있다.

◀)) 재미있는 인터뷰를 하려면?

재미있는 인터뷰를 하는 데는 2가지 방법이 있다. 첫 번째는 MC가 상대방의 말을 순발력 있게 받아치는 것이고 두 번째는 대상이 재미있는 대답이 나올 만한 질문을 하는 것이다.

대개 초보 MC의 경우 인터뷰할 때 상대방의 말을 순발력 있게 받아치지 못하고 당황하는 경우가 많다. 이유는 상대방이 무슨 말을 할지 예측하기가 어렵기 때문이다.

이를 극복하기 위해서는 상대방이 무슨 말을 할지 생각한 뒤에 행사 전에 질문에 대한 예상 답안을 여러 가지 만들어 놓는 것이 좋다. 이렇게 해 놓으면 관객에게서 어떤 대답이 나와도 순발력 있게 받아칠 수 있고, 재미있는 인터뷰를 이끌어 낼 확률이 높아진다.

그리고 초보자가 쉽게 재미있는 인터뷰를 하고 싶다면 처음에 언급한 두 번째 방법이 바로 재미있는 대답을 유도하는 질문을 하는 기법을 활용하면

된다. 예를 들어서,

MC: 여러분, 모두 군대 갔다 오셨죠?

(관객: 네!)

MC: 역시 대한민국 남자입니다. 멋지시네요. 군대를 한 글자로 표현한다면?

역시 재미있는 대답이 나올 것이다. 예상 답안으로는 (엿, 휴) 등이다.

이런 식으로 예상 답안이 재미있게 나올 만한 질문만 해도 충분히 흥미로운 인터뷰를 할 수 있다.

인터뷰를 잘하는 5가지 방법

① 다양한 돌발 상황을 대비해서 예상 답안을 미리 준비해라!

내가 처음 진행을 시작하면서 가장 어려웠던 부분이 바로 인터뷰이다. 인터뷰만 하려고 하면 긴장이 되어서 말이 빨라지고 다음에 무슨 말을 해야 할지 머릿속이 캄캄해졌다. 그 느낌은 마치 처음 나간 소개팅에 나갔을 때와 비슷했다. 아는 형 중에서 서른 살이 되도록 여자를 제대로 사귀어 보지 못한 사람이 있다. 이 형은 미팅을 나가기만 하면 긴장해서 어떤 말을 해야 할지 몰라서 쩔쩔매다가 애프터 신청도 못 하고 집으로 돌아와서는 후회한다. 한번은 이런 고민 때문에 형에게서 상담 전화가 왔다.

"난 소개팅만 나가면 긴장이 돼서 무슨 말을 해야 할지 모르겠어!"

나는 그 얘기를 듣고 바로 고민을 해결해 주었다.

"형, 어떤 말을 할지 생각하고 나가면 되잖아!"

형과 나는 가상 소개팅을 시작했다. 내가 준비한 질문 10가지를 형에게 주고 상대 여성의 예상 답변을 적어 내려갔다. 그렇게 어떤 답변이 나오면 어떻게 말하고, 또 어떤 질문을 하면 어떤 답변이 나올지 반복해서 연습을 하고 마침내 소개팅에 나갔다.

예상대로 나의 조언이 적중했다. 선배는 만남이 끝날 즈음 준비한 대로 애프터 신청을 했고 결국 성공했다. 지금은 소개팅에서 만난 여성분과 달콤한 연애 중이다. 물론 그 여성분은 못생겼다. (농담) **인터뷰 역시도 소개팅과 똑같이 하면 된다.** 인터뷰가 긴장되고 자신이 없다면 예상 답안을 준비해라! 그러면 인터뷰할 때 전보다 훨씬 자신감이 생길 것이다.

② 상대방의 말을 경청해라!

보통 어떤 사람들을 만나서 같이 있다 보면 그중에는 편안한 사람도 있고, 불편한 사람도 있다. 편안한 사람을 만나면 대화도 잘 통하고 말도 편하게 잘 나오는데, 불편한 사람을 만나면 빨리 이 자리를 벗어나야겠다는 생각만 든다. 진행자는 상대방으로 하여금 편안한 사람이 되는 것이 무엇보다도 중요하다. 그래야만 더 많은 대답을 이끌어 낼 수 있고, 즐겁고 흥미로운 인터뷰를 이끌어 낼 수 있다. 하지만 편안함을 느끼게 해 준다는 것이 생각처럼 쉽지만은 않다. 어떻게 해야 상대방이 편안하다고 느낄 수 있을까? 그것은 故 김대중 전 대통령의 명언에서 정답을 찾을 수 있다.

"최고의 대화는 경청이다."

그렇다. 편안한 대화로 이끌어 가기 위한 가장 좋은 방법은 바로 경청이다. 경청은 말 그대로 귀를 기울여 듣는 것이다. **상대방의 이야기를 진심을 다해 들어 주고 자신의 일처럼 웃어주고 슬퍼해라!** 그러면 상대방은 당신과 공감대가 생기게 되고 편안함을 느껴 더욱더 진심이 묻어나는 인터뷰를 이끌어 낼 수 있다!

③ 어떤 질문을 해야 관객들로부터 가장 좋은 대답을 얻을 수 있을지 생각해 보라!

사람들과 대화와 인터뷰는 누군가와 이야기를 나눈다는 형식은 동일하다. 하지만 인터뷰는 둘이나 혹은 여럿이서 나누는 이야기를 보고 있는 관객이 있기 때문에 내용에 좀 더 신경을 써야 한다. 보고 있는 관객들이 있다는 것은 곧 모두가 알고 싶어 하고 듣고 싶어 하고 궁금해하는 내용을 인터뷰를 통해 진행자는 관객들과 공감할 수 있는 인터뷰를 해야 한다는 의미이다. 그렇다면 과연 어떻게 인터뷰를 해야 관객들의 호응을 이끌어 낼 수 있을까? 그것은 바로 공감대이다.

한번은 한 워크숍 행사 진행을 하러 갔는데 사장님이 슬리퍼를 신고 나왔는데 발을 보니 발가락 양말을 신고 있었다.

그래서 나는 이런 멘트를 했다. "사장님이 직원분들 한 분 한 분을 모두 아버지 같은 마음으로 감싸 주듯이 엄지발가락부터 새끼발가락까지 사랑하시는 마음을 담아서 발가락 양말을 신으셨어요! 오늘 이렇게 발가락 양말을 신으신 이유가 있으신가요?"

이렇게 묻자 관객들로부터 많이 웃음이 터져 나왔다. 아마도 부하 직원들 역시 사장님의 발가락 양말을 의식하고 있었지만 사장님이기 때문에 차마 이야기를 꺼내기가 어려웠던 모양이었다. 물론 이런 질문이 실례가 될 수도 있지만 사장님 성격이 워낙에 소탈하신 분이기 때문에 마음 놓고 질문했고 사장님 또한 멋지게 대답해 주었다.

"이 회사의 발전을 위해서 이리저리 뛰어다녔더니 무좀이 생겨서 발가락 양말을 신었습니다. 여러분들도 저처럼 열심히 뛰어서 영광의 무좀을 만들어 보세요!"

이렇게 말하자 바로 열광적인 박수가 나왔고 이 워크숍 이후에 사장님에게는 '발가락양말 사장님'이라는 별명이 생겼다. 이것이 바로 '공감대의 힘'이다. **진행자는 공감대를 잘 활용하면 관객들의 웃음과 호응을 한껏 이끌어 낼 수 있다.**

④ 길게 대답할 수 있는 질문을 해라!

초보 MC들이 흔히 하는 실수들 중에 이런 것이 있다. 질문을 할 때 "네." 혹은 "아니요."라는 대답밖에 할 수 없는 질문을 하는 것이다. 예를 들어서 "오늘 혼자 오셨어요?"라는 질문을 하면 상대방은 "네." 혹은 "아니요."와 같은 단답형 대답만 나올 가능성이 크다.

하지만 "오늘 누구랑 오셨어요?" 이렇게 질문하면 전자의 질문보다는 더 길게 대답이 나올 것이다. 인터뷰를 하는 상황이라면 **한 가지 질문을 하더라도 더 길게 대답할 수 있는 질문을 해야 관객들과 함께할 수 있는 인터뷰가 가능하다.**

⑤ 최대한 빠르게 상대방의 성향을 파악해서 질문해라!

MC가 농담을 했을 때 그것을 어떻게 받아들이느냐는 사람마다 모두 다르다. 때문에 진행자는 '본능적인 센스'가 있어야 한다. 물론 '본능적인 센스'라는 것도 우선 경험이 바탕이 되어야 하지만 상대방을 주의 깊게 관찰하는 것만으로도 그 사람들의 성향을 쉽게 파악할 수 있다.

만약 대상을 성향을 제대로 파악하지 못하면 상대방의 기분을 상하게 할 수도 있다. 한번은 필자가 진행을 하는데 가슴이 여자만큼이나 큰 남자가 나왔다. 그래서 그 남자에게 "본인의 매력 포인트가 뭐라고 생각하세요?"라고 질문하고는 그 남자가 대답이 나오기 전에 나는 "역시 이분의 매력 포인트는 가슴이 아닌가?" 이런 멘트를 했다. 그러자 남자는 귀에 대고 화난 목소리로 "이거 얘기하는 거 진짜 싫어해요!"라고 하는 것이었다. 나는 순간 놀랐지만 그 상황에서는 그냥 넘어갔고 행사가 끝나고 나서 정말 죄송하다고 말하면서 사과했다.

'사실 그전에 같은 상황이 있을 때 같은 멘트를 했을 때는 모두가 재미있어했는데……'

알고 보니 그 사람은 여유증(여성형 유방증)으로 평소에도 많은 스트레스를 받고 있었고, 나는 그것도 모르고 재미에만 치중한 나머지 그 사람에게 큰 상처를 준 것이었다.

사람에 따라서 받아들일 수 있는 농담의 정도가 다르고 어떤 사람에게는 내가 하는 말이 상처에 소금을 뿌리는 아픔을 수도 있구나! 그래서 MC는 인터뷰를 할 때 대상의 성향을 잘 파악해서 한마디를 하더라도 여러 번 생각을 하고 질문을 던진다면 모두가 즐거운 인터뷰가 될 것이다.

MC 유성의 인터뷰 기법 8선

◁)) **인터뷰 기법 1**

상대가 다 맞는 것처럼 몰아가는 인터뷰를 통해 관객들의 웃음을 유도하는 인터뷰 기법.

(기법 설명)

MC가 마치 점쟁이가 된 것처럼 **모든 것을 다 알고 있었다는 투로 말하는 것이 이 기법의 포인트**이다. 상대방이 이야기를 하면 "그럴 줄 알았다", "그 일이 잘 맞을 것이다" 등등 인터뷰 대상의 장단을 잘 맞춰 준다.

이렇게 하면 상대방에게서 좀 더 많은 이야기를 이끌어 내고, 보는 관객들에게도 큰 재미를 줄 수 있다.

(실전)

예) 모든 대상

질문: 제가 관상을 좀 볼 줄 아는데 여자친구 있으세요?

대답 1 (없어요!)

MC: 그쵸, 없죠? 제 예상은 틀린 적이 없어요!

하지만 인기는 많으실 것 같아요!

대답 2 (관객: 네, 있어요!)

MC: 맞아요! 인기도 많은 편이시고⋯⋯

대답 1 (관객: 아니에요.)

MC: 이거 보세요. 인기 많으시면서 이렇게 겸손할 줄도 아시고⋯⋯

솔직하게 말해 보세요. 남자들한테 인기 많죠?

대답 2 (관객: 네, 많아요.)

MC: 역시! 혹시 하시는 일이?

(○○○○ 일을 해요.)

MC: 그렇죠? 그럴 줄 알았어요. 지금 하는 일이 본인과 너무 잘 맞아요! 그렇죠?

대답 1 (관객: 네, 맞아요!)

MC: 정확하잖아요!

대답 2 (관객: 아니요.)

MC: 그래요, 안 맞을 수밖에 없어요! 다른 일을 하셔야 해요! 빨리 꿈을 찾아가세요!

📢) **인터뷰 기법 2**

질문을 빠르게 던져서 상대방이 당황하게끔 만들고 이를 통해서 관객들의 웃음을 이끌어 내는 인터뷰 기법.

(기법 설명)

사람들은 당황하면 말실수를 하게 마련이다. 상대방을 당황하게 만들고 말실수를 하도록 유도함으로써 재미있는 인터뷰 상황을 만들어 낸다.

(실전)

예 1) 모든 대상

질문: 이성 친구 있으세요?

(상대방: 있어요.)

MC: 사랑하십니까?

(상대방: 네!)

MC: 목숨 바쳐 사랑하십니까?

(상대방: 네!)

MC: 평생 행복하게 해 주실 수 있으십니까?

(상대방: 네!)

MC: 첫사랑입니까?

(상대방: 말 못 하고 당황한다.)

MC: 첫사랑이 뭐가 중요합니까? 가장 중요한 것은 마지막 사랑이라고
생각합니다.

◁») **인터뷰 기법 3**

재미있는 답변이 나올 수 있는 질문을 하는 인터뷰 기법.

(기법 설명)

인터뷰 대상의 답변이 재미있게 나오는 질문을 해서 재미있는 인터뷰를
이끌어 내는 기법이다.

(실전)

예 1) 남성들에게

질문: 군대 갔다 오셨죠?

(관객: 네.)

**질문: 역시 대한민국 남자입니다. 멋지시네요? 군대를 한 글자로 표
현한다면?**

(관객 예상 대답: 엿, 땀 등.)

예 2) 여성들에게

질문: 남자친구가 바람을 피운다면 어떻게 하시겠어요?

(관객 예상 답안: 같이 바람피울 거예요!)

◁)) 인터뷰 기법 4

이벤트를 만들어 내는 인터뷰 기법.

(기법 설명)

인터뷰를 통해서 특별한 이벤트까지 만들어 낼 수 있다면 관객들에게 조금 더 색다른 즐거움을 선사해 줄 수 있을 것이다.

(실전)

예 1) 예쁜 여성이 무대로 나온 경우 이벤트

질문: 저기를 보세요. (같이 먼 곳 보며) 사랑은 마주 보는 것이 아니라 서로 같은 곳을 바라보는 거라고 하잖아요. 혹시 남자친구 있으세요?

(상대방: 아니요.)

MC: 제가 MC 생활 10년 만에 드디어 이상형을 만났습니다. 제가 이 자리에서 공개 고백을 하고 싶은데 맘에 드시면 '사랑해!', 맘에 안 드시면 '꺼져!'라고 해 주세요. 고백할게요. (음악 깔고/추천 BGM: 결혼할까요)

MC: 아침 한때 마주치는 풀잎과 이슬의 만남이 아닌, 온종일 같은 곳을 피고 날며 사랑을 나누는 꽃과 나비의 만남이 되었으면 좋겠습니다. 제가 마음에 드시면 '사랑해!', 안 드시면 '꺼져!'라고 해 주세요. 자, 이제 결정해 주세요.

대답 1 (상대방: 사랑해!)

MC: 꺼져! 요즘은 시크한 남자가 대세니까!

대답 2 (상대방: 꺼져!)

MC: (고개를 푹 숙이며 관객에게) 제가 그렇게 매력이 없나요?

여러분, 제가 마음에 드시면 '사랑해!', 안 드시면 '꺼져!'라고 해 주세요.

자, 이제 결정해 주세요.

(관객들 중에서 '사랑해!'라고 하는 여자에게) 뭐라고요?

(관객: 사랑해!)

MC: 꺼져! 시크한 MC 유성입니다.

예 2) 키 큰 사람이 나왔을 때, 특별한 자기소개 이벤트

질문: 키가 굉장히 크시네요. 저는 저보다 키 큰 사람을 보면 옆에 안 가요! 좀 떨어져서 인터뷰할게요. 그냥 거기 서서 큰 소리로 말해 주세요. 자, 일단 자기소개부터 부탁드려요.

◀)) **인터뷰 기법 5**

영상 편지 인터뷰 기법.

(기법 설명)

인터뷰 기법 중의 하나로 영상 편지를 보내도록 하는 기법이다. 이 기법을 이용하면 관객들의 흥미를 불러일으키고 자연스럽게 재미있는 상황이 연출된다.

(실전)

예 1) 자기 자신에게 보내는 영상 편지

질문: 사람은 지구상에서 유일하게 꿈을 꾸는 동물이라고 하잖아요! 혹시 미래에 이루고 싶은 꿈이 뭐예요?

(상대방: 가수요!)

MC: 그럼 몇 년 후에 가수가 되어 있을 자신한테 영상 편지 한번 보내 볼까요?

예 2) 여자친구에게 보내는 영상 편지

MC: 여자친구 있으세요?

(상대방: 네!)

MC: 그럼 사랑하는 여자친구한테 영상 편지 한번 보내 볼까요?

◀)) 인터뷰 기법 6

상대방의 말을 도중에 끊어서 웃음을 유발하는 인터뷰 기법.

(기법 설명)

상대방이 이야기할 때 도중에 하던 말을 끊고 그 자체로 웃음을 주거나 말을 끊고 MC가 대신 재미있는 멘트를 함으로써 웃음을 주는 인터뷰 기법.

(실전)

예 1)

질문: 자기소개 부탁드립니다.

(상대방: 저는 어디의 누구……)

MC: **(말을 끊고)** 정말 대단하신 분이네요.

예 2)

질문: **키가 굉장히 크시네요? 정말 멋있으세요. 키가 어떻게 되세요?(키 큰 사람)**

(상대방: 185cm요.)

MC: **(오버랩되도록)** 잘난 척하지 마!

예 3)

질문: **자신이 예쁘다고 생각한 적 있어요?**

MC: **(무슨 말을 하건 말을 끊고)** 네, 자신감이 중요한 거죠!

◁) 인터뷰 기법 7

이니셜 인터뷰 기법.

(기법 설명)

질문을 했을 때 상대방에게는 이니셜로만 대답하게 하고 MC는 상대가 말한 이니셜을 바탕으로 해서 나름대로 유추해 본다. 이때 재미있는 애드립를 첨가해서 관객들이 폭소하게 만든다.

(실전)

예 1)

질문: **학교 어디 다니세요? 이니셜만 말씀해 주세요!**

(상대방: S대요!)

MC: 서울대? 아, 아니에요? 그럼, 삼육대? 삼천교육대(50대 이상)? 그냥 아무 데나 하세요!

예 2)

질문: 지금 여기 있는 사람들 중에 누가 마음에 드는지 이니셜로만 말씀해 주세요.

(상대방: K양이요.)

MC: 내가 왠지 주인공일 것 같다! 자리에서 일어나세요!

예 3)

질문: 본인을 채찍질해 주는 상사의 이름을 이니셜로만 말씀해 주세요.

(상대방: K님입니다.)

MC: K 상사분께서 많이 괴롭히시나 보네요. K 상사분, 손 들어 주세요!

◀))) 인터뷰 기법 8
  착각 인터뷰 기법.

(기법 설명)
  사람들이 모두 똑같이 생각하고 있는 부분에 반전을 주어서 웃음을 유도하는 인터뷰 기법.

(실전)
  예 1)
  질문: 저는 어떤 사람을 보면 그 사람의 전생이 보입니다. 이분은 주

위에 난쟁이들이 모여 있어요. 전생에 무엇이었을까요?

(상대방: 백설공주요!)

MC: (말이 끝나기 무섭게) 당신은 걸리버였습니다.

예 2)

질문: 거북이 다섯 번 시작! 세종대왕이 만든 배 이름은?

(상대방: 거북선이요!)

MC: 세종대왕이 거북선을 만들었어요? 그럼 한글은 이순신 장군이 만드셨나요?

예 3)

질문: 꽃사슴 다섯 번 시작! 산타클로스가 타고 다니는 것은?

(상대방: 루돌프요!)

MC: 루돌프? 썰매를 타고 다니죠. 이분 자신 있게 루돌프라고 하시네요!

예 4)

질문: 거북이가 운동장에서 조깅을 하고 있었습니다. 근데 오른쪽으로 돌 땐 1시간 30분이나 걸렸는데, 왼쪽으로 돌 때는 90분밖에 안 걸렸습니다. 이유가 뭘까요?

(상대방: 당황한다.)

MC: 1시간 30분이나 90분이나 같은 말이죠!

기본 인터뷰 문항 50선

1. 이름이 뭐예요?

2. 키가 어떻게 돼요?

3. 이성 친구 있어요?

4. 성격은 어떤가요?

5. 오늘 의상 콘셉트가?

6. 어디 학교 다니세요? 이니셜만!

7. 취미가 뭐예요?

8. 특기가 뭐예요?

9. 혈액형이 어떻게 되세요?

10. 어디 사세요?

11. 가족 관계는?

12. 좌우명은?

13. 하시는 일이?

14. 가장 못하는 것은?

15. 가장 자신 있는 것은?

16. 자신의 신체 중 가장 자신 있는 부분은?

17. 쉬는 날은 주로 어떻게 보내세요?

18. 지금 이루고 싶은 꿈은?

19. 가장 좋아하는 연예인은?

20. 이상형은?

21. 지구가 멸망하기 1시간 전이라 가정할 때 가장 하고 싶은 것은?

22. 만약 눈앞에 미모(혹은 외모)의 사람, 능력 있는 사람, 자상한 사람,

부자인 사람이 있다면 이 중 누구를 택할 것인가?

23. 나는 이성 친구가 제발 이렇게만 입지 않았으면 좋겠다!

24. 가장 싫어하는 이성상은?

25. 자신에게 이성 친구란?

26. 로또에 당첨된다면 무엇이 가장 하고 싶은가?

27. 자기 자랑을 해 주세요.

28. 자신의 가장 큰 단점이 뭐라고 생각하세요?

29. 잘생긴 애인이 알고 보니 대머리라면 어떻게 하시겠어요?

30. 투명인간이 된다면 맨 먼저 해 보고 싶은 일?

31. 미래의 이성 친구에게 한마디?

32. 주량은 얼마나 되세요?

33. 이성 친구에게 가장 받고 싶은 선물은?

34. 이성을 볼 때 제일 먼저 어디를 봐요?

35. 요리 잘해요?

36. 자신을 세 글자로 짧게 표현한다면?

37. 이성을 몇 번 사귀어 봤어요?

38. 집에서 거울을 보고 있으면 무슨 생각이 들어요?

39. 만약에 사랑하는 애인이 다른 애인을 사귄다면 어떻게 하시겠어요?

40. 지금 중학생이 된다면(혹은 어린이가 된다면) 가장 하고 싶은 일?

41. 지금까지 살면서 가장 행복했던 순간이 언제예요?

42. 지금까지 살면서 가장 슬펐던 순간이 언제예요?

43. 만약 과거의 나에게 딱 한마디 말을 전달할 수 있다면 무슨 말을 해 주시겠어요?

44. 자신이 예쁘다고 생각한 적 있어요?

45. 면접을 본다고 생각하시고 자기소개 부탁드립니다.

46. 가장 인상 깊게 보았던 영화가 뭐예요?

47. 가장 재밌게 보았던 책이 뭐예요?

48. 본인에게 성공이란 무엇인가요?

49. '이 사람은 나의 멘토다!'라고 생각하는 사람과 그 이유!

50. 지금 100억이 생긴다면 가장 먼저 하고 싶은 일은?

◀)) 이런 상황에 이런 인터뷰!

·상황 1

인터뷰를 하는데 상대방의 발음이 이상할 때

질문: 자기소개 부탁드립니다.

(상대방: 저는 ○○○ ○○○○○○ ○○○입니다.)

MC: 네? 누가 통역 좀 해 주세요!

·상황 2

빈곤해 보이는 사람이 강남에 살고 있는 사람일 때.

질문: 어디 사세요?

(상대방: 강남이요!)

MC: 아! 살고 싶은데 말고, 지금 살고 있는 곳이요! 어디?

·상황 3

옷을 멋스럽게 잘 입은 여성일 때

질문: 오늘의 의상 포인트가 뭔가요?

(상대방: ○○○이요.)

MC: 이분의 오늘 의상 포인트는 얼굴입니다. 얼굴이 너무 아름다워서 다른 곳에 눈이 가질 않아요!

· 상황 4

상대방이 선물을 밝힐 때

질문: 회 좋아하시죠?

(상대방: 네!)

MC: 역시 날로 먹는 걸 좋아합니다.

· 상황 5

누가 봐도 이상해 보이는 사람일 때

질문: 혼자 있는 거 좋아하시죠?

(상대방: 네.)

MC: 이유는 모르겠는데 주위에 사람이 없고 그렇죠?

· 상황 6

커플을 인터뷰할 때

질문: 남자친구분이 처음에 뭐라고 고백했어요?

(상대방: 사랑한다고요.)

MC: 그러면 이 자리에서 다시 한번 보여 주세요! (BGM 고백)

· 상황 7

잘생긴 남성을 인터뷰할 때

질문: 왠지 굉장히 완벽한 남자분들은 여자분들한테 차여 본 적이 없을 것 같아요. 혹시 여자분한테 차인 적이 있나요?

대답 1

(상대방: 네.)

MC: (놀라는 척하다가 능청스럽게) 엇! 하긴 저 같은 사람도 차이는데요. (하고는 살인 미소를 날린다)

대답 2

(상대방: 아니요.)

MC: 약간 비호감이란 소리 많이 듣죠?

· 상황 8

몸매가 좋은 사람을 인터뷰할 때

질문: 이런 분들을 보고 흔히들 몸짱이라고 하는데 본인이 보기에도 홀딱 반할 것 같은 신체 부위는 어디인가요?

대답 1

(상대방: ○○이요.)

MC: (말하자마자 오버랩으로) 잘난 척하지 마!

대답 2

(상대방: 그런 거 없어요.)

MC: 이렇게 겸손하시기까지. 완벽하네요! 하지만 이분에게도 단점이 있습니다. 여러분들은 멀리 계셔서 모르겠지만 냄새나요! 농담이고요. 이렇게 완벽하신 분들만 보면 어떻게든 단점을 찾고 싶은 게 사람 마음이잖아요.

대답 3

(관객: 특이한 부위. 예를 들어 치골, 연골, 엉치뼈, 무릎 안쪽 등등)

MC: 이런 (   )은 어디서 팔아요!

· 상황 9

모자를 쓰고 있는 여성을 인터뷰할 때

질문: 요즘에 여성 탈모가 심각합니다. 그래서 이렇게 모자를 쓰고 계시는 분들이 많아요. 본인은 뭐 땜에 쓰신 거예요?

(상대방: 그냥요.)

MC: 탈모는 아니신 거죠? 그럼 벗어 보세요. **(모자를 쓴 사람들은 거의 모자를 벗지 않는다.)**

(상대방: 안 돼요.)

MC: 역시 탈모 때문에 쓰셨군요!

· 상황 10

술자리에서 인터뷰할 때

질문: 오늘 몇 차세요 ?

(상대방: 2차요.)

MC: 그럼 친구분이 2차 쏘시고 저는 (17차 음료수를 주면서) 17차 쏘겠습니다.

· 상황 11

여성을 인터뷰할 때

질문 1: 큰일 났어요!

(상대방: 왜요?)

MC: 미인은 일찍 죽는다는데 굉장히 오래 사실 것 같아요.

질문 2: 담배 안 피우시죠?

(여자들은 대체로 안 핀다고 대답한다.)

MC: 아, 그래요? 그럼 향수를 말보로 멘솔을 쓰시나 봐요.

- **질문: 자녀(혹은 여자친구/남자친구)분 있으시죠?**

(상대방: 네.)

MC: 지금 전화 연결이 되어 있습니다.

(상대방: 진짜요 ?)

MC: 여보세요, 해 보세요!

(상대방: 여보세요.)

MC: 여기까지입니다.

- **질문: 꿈이 뭐예요?**

대답 1

(상대방: 아직 없는데요!)

MC: 바바라 셰어의 명언 중에 "좋아하는 것을 찾아라! 좋아하기 때문에 해라! 포기하지 말고 계속해라! 지금 시작해라!"라는 말이 있습니다. 지금부터 좋아하는 일을 찾아서 열심히 노력한다면 반드시 그 꿈을 이룰 수 있을 것입니다.

대답 2

(상대방: ○○○이 되고 싶어요.)

MC: 꿈을 이룬 모든 사람들에게는 모두 하나씩 공통점이 있습니다. 그것은 어떠한 일이 있어도 꿈을 포기하지 않았다는 것인데요. ○○분(이름이나 간단한 호칭)도 포기하지 않고 끝까지 최선을 다하다 보면 꼭 그 바라는 꿈을 이룰 수 있을 것입니다.

- 질문: 딱 봐도 매력 넘치시고 멋있으신데요. 본인이 생각하기에 자신의 가장 큰 매력은 뭐라고 생각하세요?

대답 1

(상대방: 매력이 너무 많아서요 등등 → 자랑을 할 때)

MC: 이런 말씀 하시면 여기 오신 관객분들한테 미안하지 않으세요?

대답 2

(상대방: 아니에요! 등등 → 겸손할 때)

MC: 이런 겸손함이 이분의 매력이신 것 같습니다.

- 질문: 만약에 키가 큰 줄 알고 어떤 남자를 사귀었는데 알고 보니 키높이구두를 신은 거였다면 어떻게 하시겠어요?

대답 1

(상대방: 괜찮아요.)

MC: (키높이구두를 벗으면서) 저는 어떠세요?

대답 2

(상대방: 헤어져야죠!)

MC: (키높이구두를 벗으면서) 저는 안 되겠네요!

- 질문: 오늘 이 자리에서 인연을 찾아 드리려고 하는데요. 이상형이 어떻게 되세요?

대답 1(눈이 높은 경우)

(상대방: '수지'요!)

MC: (둘러보고) 오늘은 힘들 것 같습니다.

대답 2(눈이 낮은 경우)

(상대방: 아무나 괜찮아요!)

좀 이따 연락처 주고 가시면 소개해 드릴게요. 저희 이모가 지금 나이가 50인데 아직 결혼을 못 하셨거든요.

괜찮아요! 집도 있고 돈도 있으니까 몸만 오면 돼요.

- 질문: 로또에 당첨된다면 뭐부터 하고 싶으세요? (4위부터 3위, 2위, 1위순으로 물어본다.)

- 질문: 본인이 어떤 이미지라고 생각하세요? 청순? 섹시? 큐티?

(상대방: 섹시요 등등)

MC: 아 그러세요? 제가 봤을 때는 코믹입니다.

* 만약 코믹이라고 하면 오버랩으로 '정답'이라고 외친다.

- 질문: 여자친구의 어디가 그렇게 예뻐요?

대답 1

(상대방: 칭찬을 한다. 예) 얼굴이 예쁘고요. 마음씨가 예쁘고……)

MC: 전혀 공감할 수 없는 말씀이시네요.

대답 2

(상대방: 안 예쁜데요.)

MC: 정답

대답 3

(상대방: 모르겠어요.)

MC: 저도 모르겠어요!

- 질문: 달리기 엄청 잘하실 것 같아요. 100미터 몇 초예요?

(상대방: 13초요.)

MC: 어, 엄청 빠르시네요.

* 무조건 빠르다고 몰고 간다.

MC: 몇 년생이세요?

(상대방: 85년생이요.)

MC: 그럼 빠른 85네요!

- 질문: 요즘에는 사실 외모보다도 매력이 중요하죠? 혹시 숨겨 놓은 매력이 있으세요?

대답 1

(상대방: 네.)

MC: 근데 너무 깊이 숨겨 놓으신 거 아니에요? 찾기가 힘들어요!

대답 2

(상대방: 아니요.)

MC: 솔직함이 매력이신 것 같네요!

대답 3

(상대방: 저의 매력은 ○○○입니다.)

MC: (순발력 있게 애드립)

- 질문: 이분은 인생을 정말 영화처럼 사실 것 같아요. 만약 본인이 영화에 출연한다면 어떤 영화의 주인공이고 싶으세요?

(대답에 따라 재미있는 애드립을 친다.)

예) 상대방: 저는 '바람과 함께 사라지다'요!

MC: 저기 죄송한데 바람과 말고 그냥 사라지세요!

- 질문: 사귄 지 얼마나 되셨어요?

(오래되었을 때)

MC: 왜 그렇게 오래 사귀어요? 돈 꿔 줬어요?

- 질문: 지금 이성 친구가 본인의 이상형과 몇 퍼센트 일치해요?

대답 1

(높을 때)

MC: 사귄 지 얼마 안 되셨나 보네요!

대답 2

(낮을 때)

MC: 이상형만 찾다가 아직도 결혼을 못 한 저희 이모 나이가 50인
데…… 이상형보다 자신과 얼마나 맞느냐가 더 중요하죠!

**- 질문: 무뚝뚝하게 보이는데 이런 분들이 오히려 애교가 많아요. 애
교 한번 보여 주세요!**

대답 1

(애교를 보여 줄 경우)

MC: 안 시키는 게 나을 뻔했어요!

대답 2

(애교를 보여 주지 않는 경우)

MC: 하긴 이렇게 사람이 많은 데서는 좀 그렇죠? 이런 분들이 여자친
구랑 단둘이 있을 때는 "자기야! 뿌잉뿌잉~ 음, 시르다!" 이런 식으로

엄청나게 애교를 부려요.

- 질문: **좋아하는 연예인 있으세요?**

(상대방: 박보검요.)

MC: 박보검이랑 사귀면 어떨 것 같아요?

대답 1

(상대방: 몰라요.)

MC: (다 안다는 듯) 네, 팬들에게 몰매 맞습니다.

대답 2

(상대방: 너무 행복할 것 같아요!)

MC: 그럴 일 없으니까 생각하실 필요 없어요!

- 질문: **굉장히 동안이시네요. 그런 소리 많이 들으시죠?**

대답 1

(관객: 네.)

MC: 다리가 동안이세요!

대답 2

(상대방: 아니요.)

MC: 제가 보기에는 동안이신데…… 몸에 비해 다리가 동안이세요!

- 질문: **솔로로 지낸 지가 얼마나 되셨어요?**

(기간이 길면)

MC: 상당히 비극적인 삶을 살아가고 계시네요. 제가 이 비극적인 삶에
한 줄기 빛을 내려 드리겠습니다. 이분이 마음에 든다 하시는 분은 머

리 위로 손을 번쩍 들어 주세요!

대답 1

(손을 드는 사람이 없을 때)

MC: 아, 여기서는 힘들 것 같고 내일 시간 어떠세요? 노인정에 재능 기부를 하러 가는데 아쉬운 대로 거기서라도 인연을 찾아 드리겠습니다.

대답 2

.(손을 드는 사람이 있을 때)

MC: 후회 없으시죠? 가까이에서 보고 나서 갑자기 "반품할게요." 하시면 안 됩니다!

- 질문: 남자친구 있어요?

대답 1

(상대방: 있어요!)

MC: 어휴, 남자친구분에게 노벨평화상을 드리고 싶네요. 우리를 대신해서 희생해 주시는 남자친구분을 위하여 박수를 보내 주시기 바랍니다.

(MC가 먼저 박수 치면서 관객들이 박수 치도록 유도한다. 그러다가 상대 여성의 얼굴을 보면서)

MC: 네, 정말 훌륭하신 분입니다.

대답 2

(상대방: 없어요!)

이렇게 아름다우신데, 왜 없어요! 남자친구가 안 생기면 제가 한 분 소개해 드릴게요. 약간 연상이에요. 얼굴은 조인성을 약간 닮았어요! 괜찮으세요?

(상대방: 네.)

저번에 노인대학 행사 때 만난 할아버지이신데 정말 인자하세요. 주말마다 탑골공원에서 비둘기 밥 주고 계시니까 가서 한번 만나 보세요!

- 질문: 이상형이 어떻게 되세요, 우선 눈은?

(상대방: 크고)

MC: 코는?

(상대방: 오똑하고)

MC: 엉덩이는?

(상대방: 크고)

MC: 저기요, 무슨 소 사러 오셨습니까?

- 질문: 주량이 어떻게 되세요?

대답 1

(주량이 많으면)

MC: 간에 복근이 있으신가 봐요.

대답 2

(주량이 적으면)

MC: 그렇죠! 보이는 게 전부가 아닙니다.

🔊 **실전 인터뷰 1**

(프러포즈 인터뷰)

MC: 우리는 어렵게 누군가를 만나서 또 어렵게 사랑이라는 것을 배우게 됩니다. 때로는 상대방 때문에 눈물짓기도 하고 또 어느 때는 너무나 좋아서 자신이 가진 가장 귀한 것을 선물하기도 합니다. 하지만 시간이 지나서 상대의 마음이 내 것이 되고 나면 가슴 떨려 하던 지난날은 금세 잊어버리고 맙니다. 기억상실증에 걸리기라도 한 것처럼……

지금 앞에 있는 여자친구에게 잘못했던 일, 미안했던 일을 고백하는 시간을 갖도록 하겠습니다. 남자분은 솔직하게 고백해 주세요!

(고백)

MC: 아주 용기 있게 모든 것을 고백해 주셨어요!

지금 누군가를 사랑하고 있다면 그 사람의 행복을 위해서 자신의 모든 것을 다 바치기 바랍니다. 받기만 하는 것은 결코 사랑이 아닙니다. 상대를 위해서 아무 조건 없이 내 것을 다 내어줄 수 있어야 바로 사랑입니다.

(아래의 명언을 이용해서 프러포즈 인터뷰를 작성해 보세요.)

사랑에 빠진 사람은 불가능을 믿는다고 합니다.

- 엘리자베스 바렛 브라우닝

MC 1:

MC 2:

MC 3:

질문: 여자친구 있으세요?

대답 1

(상대방: 없어요.)

MC: 알고 있어요!

대답 2

(상대방: 있어요.)

MC: 어디 있어요?

대답 1

(상대방: 저기에요.)

MC 1: 굉장한 미인이신데요, 부럽네요! 제가 봤을 때 이분 엄청 능력이 좋으시거나 힘이 엄청 좋으시거나 여자분 직업이 사회복지사거나 셋 중의 하나인 것 같습니다.

MC 2: 애인 만나실 때는 우황청심환을 꼭 드시고 만나셔야 할 것 같아요. 저도 살짝 봤는데 너무 아름다우셔서 가슴이 터질 뻔했습니다.

대답 2

(상대방: 집에요!)

역시 확인할 방법은 없죠!

MC: 여자친구 있으세요?

대답 1

(상대방: 없어요.)

MC:

대답 2

(상대방: 있어요.)

MC:

대답 1

(상대방: 저기에요.)

MC 1:

MC 2:

대답 2

(상대방: 집에요!)

MC:

◁)) 실전 인터뷰 3

인터뷰 질문: 이미 여자친구가 있는데 갑자기 정말 예쁜 여자가 나타나서 대시를 해 온다면 어떻게 하시겠어요?

대답 1

(상대방: 받아 주죠!/몰래 만나야죠!)

MC: (관객이 대답하자마자 오버랩) 나도!

이런 말이 있죠. 남자는 임종하는 순간까지 한쪽 눈은 아내를 보지만, 한쪽 눈은 간호사를 본다고요. 어쩔 수 없어요! 남자의 본능입니다.

대답 2

(상대방: 전 여자친구밖에 없습니다.)

MC: 대시한 여자가 수지랑 똑같이 생겼어요! 그래도?

대답 3

(약간 갈등하거나 말을 못 하면)

MC: 역시, 이거 보세요! 갈등 생기시죠? 이분이 정상입니다.

대답 4

(상대방: 당연하죠! 저는 여자친구밖에 없어요!)

MC: 이야 정~~~~~말 가식적입니다. 이런 분들이 저녁에 꼭 혼자 야동 보시는 분들이죠! 물론 이분은 아닐 겁니다. (능청스럽게)

(남자 인터뷰)

질문: 이미 여자친구가 있는데 갑자기 정말 예쁜 여자가 나타나서 대시를 해온다면 어떻게 하시겠어요?

대답 1

(상대방: 받아 주죠!/몰래 만나야죠!)

MC:

대답 2

(상대방: 전 여자친구밖에 없습니다.)

MC:

대답 1

(약간 갈등하거나 말을 못하면!)

MC:

대답 2

(상대방: 당연하죠! 저는 여자친구밖에 없어요!)

MC:

인터뷰 질문: 자신의 어디 부분이 가장 매력적이라고 생각하세요?

(상대방: 눈이요.)

MC: 이렇게 아름다운 눈은 어디서 팔아요? 나도 사고 싶다!

인터뷰 질문: 자신의 어디 부분이 가장 매력적이라고 생각하세요?

(상대방: 눈이요.)

MC 1:

MC 2:

(상대방: 코요.)

MC 1:

MC 2:

(상대방: 턱선이요.)

MC 1:

MC 2:

(상대방: 성격이요.)

MC 1:

MC 2:

(상대방: 귀여운 외모요.)

MC 1:

MC 2:

질문: 응급 처치할 줄 아세요?

(상대방: 왜요?)

MC: 당신이 제 심장을 멎게 했거든요! 그만큼 아름다우세요! 본인도 그렇게 생각하세요?

대답 1

(상대방: 네.)

MC: 아니죠. 본인은 그렇게 생각하면 안 되죠. 너무 아름다운 사람이 그러면 다른 사람들이 시기하잖아요.

대답 2

(상대방: 아니요.)

MC: 이렇게 겸손하기까지 하시면 어떻게 해요! 정말 완벽하신 분이네요. 이렇게 완벽하신 분은 간디 이후에 최초예요!

질문: 응급 처치할 줄 아세요?

(상대방: 왜요?)

MC: 당신이 제 심장을 멎게 했거든요! 그만큼 아름다우세요! 본인도 그렇게 생각하세요?

대답 1

(상대방: 네.)

MC 1:

MC 2:

MC 3:

대답 2

(상대방: 아니요.)

MC 1:

MC 2:

MC 3:

실전 인터뷰 6

질문: 실례지만 나이가 어떻게 되세요?

(실제보다 어려 보일 때)

MC: 스물아홉이면 85년생이시네요. 굉장히 동안이세요. 제가 봤을 때는 빠른 86 같아요!

(실제보다 나이 들어 보일 때)

MC: 이분은 나이는 20대인데 어쩐지 연륜이 느껴집니다. 그런데 이런 얼굴이 늙지는 않아요! 40대까지 이 얼굴로 쭉 갑니다. 한 40년 뒤에는 동안 소리를 들으실 겁니다.

질문: 실례지만 나이가 어떻게 되세요?

(실제보다 어려 보일 때)

MC 1:

MC 2:

MC 3:

(실제보다 나이 들어 보일 때)

MC 1:

MC 2:

MC 3:

질문: 사귄 지 얼마나 되셨어요?

대답 1

(오래 만났을 경우)

MC: 두 분 가족이세요?

대답 2

(사귄 지 얼마 안 되었을 경우)

MC: 언제 결혼하실 예정이세요?

질문: 사귄 지 얼마나 되셨어요?

대답 1

(오래 만났을 경우)

MC 1:

MC 2:

MC 3:

대답 2

(사귄 지 얼마 안 되었을 경우)

MC 1:

MC 2:

MC 3:

질문: 애인 있으세요?

대답 1

(있다고 할 경우)

MC 1: 놀라운 일이네요. 애인이 있다고요? 식스센스와 나비효과 이후로 이렇게 놀라운 반전은 처음이네요!

대답 2

(없다고 할 경우)

MC 1: 네, 알고 있습니다. 딱 보고 알았어요! 너무 잘생겨서(혹은 예뻐서) 부담스러워요!

MC 2: 왜 애인이 없다고 생각하세요?

(관객: 모르겠어요.)

왜 모르세요! 우리는 다 알고 있는데요!

질문: 애인 있으세요?

대답 1

(있다고 할 경우)

MC 1:

MC 2:

MC 3:

대답 2

(없다고 할 경우)

MC 1:

MC 2:

MC 3:

질문: 실례지만 나이가 어떻게 되세요?

대답 1

(얼굴에 비해 어리게 말하면)

MC: 아, 자녀분 나이 말고요!

대답 2

(얼굴에 비해 들어 보이게 말하면)

MC: 동안 소리 들으시려고 일부러 속이시는 건 아니죠?

질문: 실례지만 나이가 어떻게 되세요?

대답 1

(얼굴에 비해 어리게 말하면)

MC 1:

MC 2:

MC 3:

대답 2

(얼굴에 비해 들어 보이게 말하면)

MC 1:

MC 2:

MC 3:

4 선물 멘트

말만 들어도 떨리는 두 글자, 선물!
작은 선물 하나로 관객들에게
행복을 줄 수 있다.
행복과 웃음을 함께 주는
선물 멘트를 배워 보자!

공식

(   )에서 (   )를 드립니다.

예) **(이태리 명품 가방 루이비통)**에서 **(이태리타월 2장)**을 드립니다.

멘트 포인트

선물 멘트에서 가장 중요한 부분은 반전이다. 처음에는 엄청난 것을 줄 것처럼 말했는데 알고 보니 하찮은 것일 때 관객들은 폭소하게 된다. 이를 완벽하게 멘트를 성공시키기 위해서는 처음에 관객이 속을 수 있게 진행자를 믿게 만드는 것이 중요하다. 만약 관객들을 속이지 못하면 선물 멘트에서는 웃음이 나오기 힘들다.

그럼 어떻게 해야 믿게 만들 수 있을까! 그것은 디테일이다. 위의 (선물 멘트 공식) 멘트를 할 때도 "**오늘 엄청난 선물이 준비되어 있는데요! 이태리 명품 가방 루이비통에서** 이태리타월 2장을 드립니다." 이렇게 앞에 디테일하게 추가적인 멘트를 넣어주면 더욱 완벽하게 관객들을 속일 수 있다.

선물 멘트 공식을 이용해서 스스로 멘트를 만들어 보자!

(   )에서
(   )를 드립니다.

(   )에서
(   )를 드립니다.

(   )에서
(   )를 드립니다.

(   )에서
(   )를 드립니다.

(   )에서
(   )를 드립니다.

- 선물 ★★★★★

오늘 준비한 선물을 소개하겠습니다.

3등 닌텐도, 2등 김치 냉장고, 1등 스마트 TV!

이런 거 다 있으실 것 같아서 다른 거 준비했습니다. 냄비, 세제 이딴 거 준비되었으니까 받아 가세요!

- 선물 ★★★★★

요즘 1+1이 인기죠? 한 문제 맞추셨으니까! 제가 한 번 더 기회를 드리려고 하는데요. 한 문제 더 맞추면 선물 2개, 못 맞추면 그냥 들어가는 거예요! 도전하시겠어요?

(도전한다고 하면)

역시 이런 도전 정신, 너무나 멋집니다. 영어, 수학, 과학, 시사 문제 있습니다. 어떤 문제에 선택하시겠습니까?

대답 1

(대상: 영어 문제요)

알파벳을 A부터 Z까지 5초 안에 말하십시오!

대답 2

(대상: 수학 문제요)

38485868x374756584=무엇일까요?

대답 3

(대상: 과학 문제요)

상대성이론에 대해 정의해 보세요!

대답 4

(대상: 시사 문제요)

공수처법의 기대 효과에 대해서 논리적으로 설명해 보세요!

대답 5

(대상: 도전 안 할래요)

그래도 여기까지 나오셨는데 도전해 보는 게 아무래도 좋지 않을까요?

* 최대한 도전을 유도한 뒤에 선물을 받을 수 없는 어려운 문제를 내고 바로 탈락을 크게 외친다! (이때 관객들이 폭소한다.)

- 선물 ★★★★

이분께는 특별히 선물을 (선물을 꺼내서) 보여 드리겠습니다.

* 정말로 보여만 주고 들여보낸다.

- 선물 ★★★★

저쪽 분께 선물을? 안 가져왔네요! 저, 죄송한데 꼭 선물 받으셔야겠어요? (대상: 네, 주세요!)

그럼 주소 불러 주시면 2,000원짜리 선물을 착불로 보내드릴게요!

- 선물 ★★★★

이태리 명품 루이비통에서 협찬하는 이태리타월 2장을 드립니다. 근데 저희 어머니가 2번 썼어요! 때가 엄청 잘 밀린다고 좋아하시더라고요.

- 선물 ★★★★

(어르신들께 선물할 때의 멘트)

제가 간밤에 용이 승천하는 꿈을 꿔서 조만간 늦둥이를 볼 수 있는 태몽을 선물로 드리려고 하는데요. 결혼한 누나한테 주려고 했는데, 오늘은 할머님께 드리겠습니다.

- 선물 ★★★★

이분께는 구글코리아에서 드리는 카카오톡 어플 평생 무료 이용권을 드립니다.

- 선물 ★★★

저희가 오늘 문자로 제일 먼저 정답을 맞히신 분께 특별히 6000만 원 상당의 풀옵션 BMW3 시리즈를 선물로 드리겠습니다. 많이 보내 주세요! 문자 한 건당 이용료 8700만 원입니다. 가끔 가다 카톡 보내시는 분들이 있으신데, 카톡은 안 됩니다.

- 선물 ★★★

호응을 잘해 주시는 분께는 쌍꺼풀 시술권 2매를 드립니다.

1. 시술은 제가 합니다! 이쑤시개로……

2. 아이참을 준다.

- 선물 ★★★

오늘 선물을 현금으로 드릴까요? 아니면 상품권으로 드릴까요? (대부분 현금을 좋아한다.)

(상대방: 현금이요!)

네, 현금으로 20원 나갑니다.

- 선물 ★★★

(선물이 없을 때)

너무 잘 맞추셔서 뭐라도 좀 드려야 할 것 같은데……

그러면 이분께는…… 감사드립니다.

- 선물 ★★★

이분께는 전국 롯데백화점에서 사용 가능한 롯데백화점 엘리베이터 평생 무료 이용권을 드리겠습니다.

- 선물 ★★★

이분께는 캐논에서 만든 최신형 전문가용 DSLR로 사진 한 장 찍어 드리겠습니다.

- 선물 ★★★

네, 오늘 준비된 선물인 울트라슬림 노트북을 드리겠습니다.

(공책을 주면서) 공책이 영어로 노트북이죠!

- 선물 ★★★

(건빵 7개 주고) 1분 안으로 물 없이 다 드시면 건빵 한 박스 드리겠습니다. 군대 훈련병 3주 차 분들은 무조건 성공합니다.

* 보통 사람들은 건빵 7개를 1분 이내에 먹지 못한다.

- 선물 ★★★

아웃백 ○○점 무제한으로 이용할 수 있는 쿠폰을 드리겠습니다.

아웃백 ○○점에 가서서 원하시는 거 아무거나 시키시면 빵을 무제한으로 드립니다. 그리고 놀라운 것은 집에 갈 때 제 애기하면서 하나 싸 달라고 하면 기꺼이 싸줄 겁니다.

- 선물 ★★★

네, 이분께는 에버랜드 사파리 이용권을 드리도록 하겠습니다. 하지만 버스를 타고 들어가시면 안 되고요! 온몸에 고기를 붙이고 그냥 걸어서 들어가서야 합니다. 그런 뒤에 다시 맨몸으로 걸어서 무사히 나오시면 집에서 애완동물로 키우시라고 5년 된 암사자 한 마리를 드립니다!

- 선물 ★★★

(돼지저금통 주면서) 이 안에 돈 꽉꽉 채우셔서 연락 주세요.

- 선물 ★★★

(변태 같은 사람)

이분께는 전자발찌를 선물로 드리겠습니다.

- 선물 ★★★

아시아나 항공편 6박 7일 발리 여행! 다녀온 분의 얘기를 들려 드리겠습니다. 저희 어머님이 다녀오셨는데 만날 그 이야기만 하세요!

- 선물 ★★★

삼성 냉장고를 사용하실 수 있는…… 제품설명서 1부를 보내드리겠습니다. 얼마 전에 구입했는데, 그냥 버튼만 누르면 되는데 제품 설명서는 왜 이렇게 두꺼운지 모르겠어요!

- 선물 ★★★ (19)

형편이 어려우시거나 돈이 너무 필요하신 분 손 들어 보세요!

(관객 중 누군가가 손을 들면)

정말 필요하세요?

(상대방: 네.)

네, 저분께는 서울에서 가장 유명하신 사채업자 한 분을 소개해 드리겠습니다. 선이자 50%에 연체하면 새우잡이배를 태워 드린다고 합니다. 한 번 나가면 1년 후에나 돌아올 수 있어요. 아예 못 오거나 다른 나라에서 불법 체류자로 살고 계신 분도 있고요!

- 선물 ★★★ (19)

하루 사용 한도 1000만 원인 제 신용카드를 선물로 드리고 곧바로 도난신고 하도록 하겠습니다. 걸리면 징역 3년, 집행유예 5년이라는 거!

- 선물 ★★

박수를 잘 치신 분들께는 저쪽에 선물을…… (선물이 있는 것처럼 시선을 옮기다가) 안 가지고 왔습니다!

- 선물 ★★

(선물 주고!) 옆에 있는 분한테 전해 주세요!

- 선물 ★★

너무 잘 맞춰서 제가 뭐라도 드려야 할 것 같아요. (두리번거리다가) 칭찬해 드릴게요.

(상대방의 머리를 쓰다듬으면서) 잘~~~하셨습니다.

- 선물 ★★

이분께는 전국중국집협회에서 1년 동안 탕수육을 드실 수 있는 젓가락 2개를 드립니다.

- 선물 ★★

○○○ 선물이 필요하신 분! 난 이 선물이 정말 필요하다! 없으면 안 된다!

(한 명 찍어서)

정말 많이 필요하세요?

(상대방: 네.)

그러면 사서 쓰세요!

- 선물 ★★

7박 8일로 유럽 여행을 다녀오실 수 있는 여행사 홈페이지 주소를 드리겠습니다.

- 선물 ★★

산림청에서 산소를 드립니다. 마음껏 들이마시고 내쉬고…… (갑자기 코를 쥐며) 근데 오늘 점심 뭐 드셨어요? (추가 애드립: 건디기가 힘드네요!)

- 선물 ★★ (19)

이분께는 경부고속도로에 설치되어 있는 카메라 사진 촬영권을 선물로 드리겠습니다. 사진 촬영 비용은 4~6만 원입니다.

- 선물 ★★ (19)

10만 원 상당의 명품 T팬티를 선물로 드립니다! 제가 한 번 입었는데 손으로 깨끗이 빨아서 괜찮아요.

- 선물 ★★ (19)

이분께는 17년산 발렌타인 양주병을 물로 잘 씻어서 드리겠습니다.

- 선물 ★★ (19)

주민등록등본 2천 통과 반명함 누드사진 5천 장 가지고 오시면 선물 드리겠습니다.

- 선물 ★

이분께는 본인과 잘 어울리는 커피! 아프리카 스타일 커피를 선물로 드리겠습니다.

- 선물 ★

전국무속인협회에서 작두를 선물로 드리겠습니다.

- 선물 ★

지리산 토종 벌꿀 5kg 2병을 빈 병으로 드리겠습니다. 잘 닦아서 드릴게요!

- 선물 ★

전국산삼협회에서 도라지 한 뿌리를 드리겠습니다.

- 선물 ★

설악산에 있는 흔들바위를 선물로 드리겠습니다.

⑤ 상황 멘트

행사를 진행하다 보면 별의별 상황이 다 벌어진다. 그럴 때마다 순발력 있게 대처하기 위해서는 미리 상황 멘트를 준비해 두는 것이 좋다.

관객들은 전혀 생각지 못한 곳에서 애드립처럼 나오는 상황 멘트는 행사가 원활하게 진행되도록 할 뿐만 아니라 관객들을 폭소하게 만든다.

📢 돌발 상황은 이렇게 대처해라!

① 술 취한 사람이 무대로 올라왔을 때

* 너무 많이 취한 경우 관계자에게 부탁해서 자리로 안내해야 한다.

(술 취한 사람 보면서)

네, 안녕하세요, 반갑습니다. 여러분들은 지금 건전음주캠페인을 보고 계십니다. 네, 수고하셨습니다. 출연료는 조금 있다 지급해 드리겠습니다.

(술 취한 사람이 무대 아래로 다시 내려가면)

만약 한 번만 더 올라오시면 ○○○-○○○○에 신고하겠습니다. 저희 집 번호예요. 저희 집에 이모가 있는데, 나이가 51세이시고 노처녀예요.

② 마이크를 뺏어가려고 할 때

안녕하세요. 반갑습니다. 오오, 이러지 마세요. 큰일 납니다. 이 마이크에는 센서가 달려 있어서 제가 아닌 다른 사람이 만지면 2만 볼트의 전기가 흐릅니다. 만지는 순간 이렇게 되죠. (몸을 부르르 떤다.)

③ 마이크가 꺼졌을 때

400명 이상

(중요하게 말을 전달해야 할 때는 뒤에 있는 사람에게 전달하게 한다.)

400명 이하

(생목소리로 크게 진행하고 나서 마이크가 다시 켜지면)

이렇게 가끔 제 입 냄새에 놀라서 마이크가 기절할 때가 있습니다.

④ 공연 팀이 늦게 올라왔을 때

네, 오늘 여러분들 모두에게 꽃을 드릴 분이십니다. 꽃의 이름은 '노래꽃' 꽃을 피우려면 물이 필요하듯이 노래의 꽃을 피우려면 여러분의 박수가 필요합니다. 오늘 노래꽃을 피워 주실 가수 김○○ 씨를 큰 박수로 모시겠습니다. 네, 리허설이었습니다.

잠시 후에 김○○ 씨가 오시면 이런 식으로 박수와 함성 크게 하시면 됩니다. 가수분이 오시기 전에 일단 오시는 가수분에 관한 퀴즈를 내도록 하겠습니다.

◀상황 ★★★★★

(웃기는 멘트를 했는데 웃지 않을 때)

1. 노벨의 명언 중에 "천 가지 아이디어 가운데 단 한 가지만 유용한 것으로 판명되어도 나는 만족한다."라는 말이 있는데요! 저도 제 멘트 100개 중에서 1개만 웃겨도 만족하겠습니다.

2. 경기 침체의 기운이 여기까지 뻗쳤군요. 너무 낙심하지 마시고 웃음으로 이겨 냅시다!

3. "아름다운 얼굴은 눈을 즐겁게 하지만 상냥한 태도는 영혼을 매료시킨다." 볼테르의 명언이죠. 상냥한 태도의 기본은 웃음입니다. 웃기지 않아도 웃어 주세요!

◀상황 ★★★★★

(마술 공연 소개 멘트)

지금부터 마술 공연을 함께하겠습니다. 마술을 보실 때는 주의하셔야 할 사항이 있습니다. 먼저, 마술은 마술로만 받아들여라! 세계적인 마술사 데이비드 카퍼필드가 우리나라를 비롯해서 미국, 프랑스, 이탈리아 등지를 돌며 공연을 했습니다. 그런데 유일하게 공연을 망친 나라가 바로 우리나라입니다. 그럼 왜 망했을까요? 카퍼필드가 미국 라스베이거스 공연장에서 비둘기를 날리면 모든 이들이 감탄을 금치 못합니다. "beautiful!", "wonderful!" 하지만 우리나라에서 비둘기 날리면 이럽니다. (연기하면서) "저 자식 어디다 숨긴 거야? 오른쪽이야, 왼쪽이야. 너 왼손 봐! 나 오른손 볼게." 이렇게 작심하고서는 공연을 지켜봅니다. 미녀가 공중으로 날아갈 때도 낚싯줄이니 그냥 실이니 실랑이를 합니다. 하지만 여기 계신 분들은 문화인인 만큼 마음의 문을 열고 마술을 마술로서만 봐 주실 거라고 믿습니다. 아! 이거 보세요! 그렇게 말씀을 드렸는데 다리 꼬고 팔짱 딱 끼고 '너

아주 걸리면 죽어, 아주 그냥!' 이런 눈빛으로 바라보시네요. 마음의 문을 열어 주세요. 오픈 유어 마인드! 준비되셨죠?

(관객: 네!)

그러면 시작하겠습니다. ○○○ 마술사의 마술 공연입니다. 환상적인 무대와 함께하시죠! 박수 주세요!

- 상황 ★★★★★

(친구들과의 모임에서 건배 제의)

내가 살아 있는 이유는 당신이 존재하기 때문이며, 내가 살아가는 이유는 그대를 지켜 주기 위함입니다. 이제 당신 옆에서 흑기사가 되어 드리겠습니다. 오른쪽에 있는 동료의 잔을 들어 주시고요! 동료의 흑기사가 되어서 건배 제의를 하도록 하겠습니다. 구호는 제가 선창으로 '힘들 때'라고 하면 여러분들은 '내가 옆에 있다' 이렇게 외쳐 주세요! "힘들 때!"

(관객: 내가 옆에 있다!)

- 상황 ★★★★★

(스킨십이 심한 커플에게)

사랑에 빠진 사람은 취객과 같다고 합니다. 남이 취하면 추하지만 내가 취하면 기분 좋습니다. 남이 사랑에 취하면 유치하지만 내가 사랑에 취하면 아름답습니다. 가장 중요한 건 서로 말고는 보이는 것이 없어집니다. 앞에 두 분 커플이신 것 같은데 너무 사랑해서 뵈는 게 없으신지 자꾸 서로를 더듬어요!

- 상황 ★★★★★

(게임을 하다가 지친 관객에게)

불가능한 일이 존재하는 것이 아니라, 불가능하다는 생각이 존재할 뿐입니다. 지금 당신이 흘리는 땀방울이 미래에 흘릴 눈물을 대신할 것입니다.

- 상황 ★★★★★

(남자를 무릎 꿇게 만드는 멘트)

남자는 아무 데서나 함부로 무릎을 꿇어서는 안 되지만, 사랑하는 여자 앞에서 무릎을 꿇는 것은 남자만의 특권이다. 남자분은 사랑하는 여자친구를 위해서 무릎을 꿇어 주시기 바랍니다.

- 상황 ★★★★★

(여자나 남자 관객을 불러낼 때)

(여자)

여자분들 중 세 가지만 해당되시면 앞으로 나오시기 바랍니다. 먼저 '예쁘다!' 아무도 없나요? 예쁘지는 않지만 '귀엽다!' 없네요! 좋습니다. '난 여자다!'도 괜찮습니다. 오늘 여자분들은 무대로 나오시기만 하셔도 무조건 선물을 드리겠습니다.

(남자)

남자분들의 경우에는 여자분들보다 더 쉽게 나오실 수가 있습니다. 고등학교 3년 동안 장려상을 받았고, (살짝 끊었다가) 서울에 있는 4년제 대학교 졸업에 대한민국을 한자로 쓸 수 있는 분들 중에서 토익 990점 이상에 아이큐 150 이상인 분들 나오세요!

난 아무것도 해당 사항이 없다! 그냥 난 남자가 아닌 여자를 좋아한다. 앞으로 나오시면 됩니다.

* 관객들을 무대 위로 불러내기는 참으로 쉽지 않다. 하지만 위의 멘트에는 사람을 불러내는 기술이 담겨 있다.

처음에는 올라오는 조건을 어렵게 해서 '어차피 난 안 돼!'라는 생각을 하게 한 후 조건을 쉽게 만들어서 순간적으로 마음의 문을 열고, '어, 저 정도면 나도······'라는 생각을 하게 만드는 것이다. 그렇게 되면 관객의 판단력이 흐려지고 그 순간 나도 한번 나가봐야겠다는 생각에 무대로 자연스럽게 올라오게 된다.

- 상황 ★★★★★

(남자가 여자의 결정을 기다리는 시간)

'3살의 광세'를 보니까 이런 대사가 나오더라고요. "너는 사랑을 안 해 봐서 그런 말을 하는 거야. 흔히들 사랑을 한다. 사랑을 느낀다고들 표현하지만 사랑에 관한 가장 적절한 말은, 사랑에 빠진다는 표현이라고 생각해. 물에 빠지는 사람이 이것저것 생각하겠니? 사랑이란 그저 빠지는 거야. 눈을 감고, 강물 속에 뛰어들 듯이 말이야."

이 말처럼 앞에 있는 남자분이 여성분에게 빠졌습니다. 여자분의 마음이라는 강물에 빠진 남자에게 구명조끼를 던져 주실지 아니면 그냥 물에 빠져 죽든지 말든지 신경 쓰지 않을지 선택을 부탁드립니다!

- 상황 ★★★★★

(아름다운 여성이 나왔을 때)

1. 이렇게 미인이신 분과 함께 있으면 남자분들이 굉장히 부러워합니다. 그런데 어릴 때부터 부모님이 그러셨어요.

"넌 여자 때문에 망한댄다. 그러니까 여자 보기를 돌같이 해라."라고 하셔서 아무리 예쁜 여자를 봐도 감흥이 없어요. 근데 돌만 보면 여자 생각이 나요!

2. 옆모습 예쁩니다. 그래도 못 믿을 세상이니까. (앞모습 보면서) 네, 역시 못 믿을 세상이네요.

3. 미스코리아 한 분이 올라오신 것 같아요. 지금까지 미스코리아 중에 가장 아름다웠다는 1965년도 미스코리아 진 김은지 씨와 많이 닮으셨어요. 그분 현재 모습과……

4. 정말 아름다우시네요! 뒤에 계신 분들 이분 너무 아름다우시죠?

(관객: 네.)

저도 멀리서 볼 때는 그런 줄 알았습니다.

5. 정말 인기 많으실 것 같아요. 동네 남자들이 번호표를 뽑고 기다리겠어요! 저도 하나 뽑아서 기다리고 싶네요!

- 상황 ★★★★★

(프러포즈에 실패한 사람)

"사랑의 가망이 전혀 없는데도 불구하고 여전히 사랑하는 마음을 버리지 않는 사람만이 진실로 사랑을 아는 사람이다." 독일을 대표하는 작가 프리드리히 쉴러의 명언이죠!

오늘은 비록 프러포즈에 실패하셨지만 포기하지 않고 계속 애쓰시다 보면 꼭 사랑을 이루실 수 있을 겁니다.

- 상황 ★★★★★

(커플이 들어갈 때)

두 개의 방이 있습니다. 방과 방 사이에는 문이 하나 놓여 있습니다. 한 방에는 남자가 다른 한 방에는 여자가 있습니다. 서로 문을 열기 위해 동시에 밀어 봅니다. 그러나 열리지 않습니다. 서로 문을 열기 위해 동시에 당겨 봅니다. 그러나 열리지 않습니다.

사랑도 이와 같습니다. 한쪽이 밀면 한쪽은 당겨 주고 한쪽이 당기면 한쪽은 밀어 주는 것이 바로 사랑입니다. 서로 양보의 미덕을 발휘하는 그런 사랑을 하신다면 예쁜 사랑을 계속 이어 가실 수 있을 겁니다.

- 상황 ★★★★★

(커플 댄스 후 멘트)

사랑은 신부의 웨딩드레스를 잘라 붕대를 만들어 서로의 상처를 감싸 주는 거라고 합니다. 남자분의 불완전한 춤을 여자분이 커버하면서 댄스를 추는 모습이, 정말 남자와 여자가 만나 이렇게도 '하나가 되는 것이구나!'라는 것을 느꼈습니다. 이 커플의 완전한 사랑을 위해서 박수 주세요!

- 상황 ★★★★★

(게임을 하기 힘들어할 때)

대부분의 사람들은 할 수 있는 것을 할 수 없다고 생각해 버린다고 합니다. 그것이 할 수 있는 사람과 할 수 없는 사람의 근본적인 차이라고 하는데요. 다 같이 할 수 있다는 생각으로 다시 한번 해 보겠습니다.

- 상황 ★★★★★

(결혼식 마지막 행진 멘트)

사랑에는 전반전과 후반전이 있다고 합니다. 결혼하기 전이 전반전, 결혼한 후가 후반전이라고 하는데요. 전반전에 아무리 잘해도 후반전을 망치면 경기에서 지게 되어 있습니다.

이 자리에서 문 쪽으로 걸어가는 순간 후반전이 시작됩니다. 이제 막 시작되는 후반전에도 열심히 노력하셔서 아름다운 사랑하시면서 살아가셨으면 좋겠습니다.

- 상황 ★★★★★

(팀장을 부르기 전에)

골프 선수 박인비 선수가 대회에 나갈 때는 늘 "나, 우승하고 올게!"라고 했다고 합니다. 바로 이런 자신감이 박인비 선수를 만든 것이라고 생각합니다.

지금 팀장님은 팀원들에게 말씀하세요! "나, 우승하고 올게!"

- 상황 ★★★★★

(커플 이벤트)

"입맞춤 소리는 대포 소리만큼 크지는 않지만 그 울림은 훨씬 오래간다."
올리버 웬델 홈즈의 명언인데요. 이 자리에서 그 울림을 느끼게 해 드리겠습니다.

(관객들: 뽀뽀해! 뽀뽀해!)

(뽀뽀하면!) 네, 너무 아름답습니다. 이렇게 많은 사람들 앞에서 입맞춤을 하면 그 울림이 더 오래가지 않을까요?

- 상황 ★★★★★

(성격이 시원시원할 때)

1. 이분을 보니까 군대에서 백일 휴가 나와서 세 달 만에 귀를 판 것처럼 시원시원하네요.

2. 이분은 담배로 치면 멘솔입니다. 시원시원하시네요!

3. 성격이, 더운 여름날 은행에서 틀어주는 에어컨 같으세요. 시원시원하시네요!

- 상황 ★★★★★

(노래를 너무 정석으로 부르는 사람)

1. 가요를 찬송가처럼 부르시네요!

2. 창작동요대회 나오셨어요?

- 상황 ★★★★★

(민소매 차림인 사람)

1. 겨털을 물 주고 키우시나 봐요!

2. 겨털이 풍년이시네요.

3. 이렇게 완벽한 분은 처음입니다. 이 잘생긴 얼굴, 멋진 근육 그리고 비단결 같은 겨드랑이 짜짜로니까지!

4. 아, 이 비단결 같은 겨드랑이 털!

5. 겨드랑이에 머리카락이 복슬복슬한 게 관리를 잘하시나 봐요?

6. 겨드랑이 짜파게티가 풍부하시네요!

- 상황 ★★★★★

(밴드가 있는 자리)

1. 여기 보시면 다 멋있지만 이분 기타 멋있죠? 이분은 기타 보여 주러 나온 겁니다.

2. 다들 대단하신 분들이지만 거기 계신 기타리스트분은 세계적인 기타리스트 분들과 어깨를 나란히 할 수 있는 키를 갖고 있습니다.

키가 커요!

- 상황 ★★★★★

(팀워크가 필요할 때)

사람의 본능은 어쩔 수가 없습니다. 이런 말이 있죠! "사람들은 부자가 되기를 원하는 것이 아니라, 다른 사람보다 부유해지길 소망할 뿐이다!"

오늘만큼은 본능을 숨기고 자신의 이익보다는 우리 팀원의 이익을 생각하셨으면 좋겠습니다.

- 상황 ★★★★★

(사람들이 힘들어할 때)

많이 힘드시죠? 동트기 전이 가장 어두운 법입니다. 조금만 참고 견뎌 내시면 따뜻한 태양이 여러분들을 비출 것입니다.

- 상황 ★★★★★

(행사용 선물을 마음에 들어 하지 않는 학생이 있을 때)

독일 속담에 이런 말이 있습니다. "금이 아름답다는 것을 알게 되면, 별이 아름답다는 것을 잊어버린다." 여러분은 아직 금의 아름다움보다는 별의 아름다움을 즐기실 나이라고 생각합니다. 젊음은 그 자체로 소중한 선물이죠. 이건 그냥 선물이 아닌 여러분의 젊음과 패기가 가득 담긴 선물입니다.

- 상황 ★★★★

(퀴즈 구호)

1. 본인과 닮은 연예인 이름 대면서 손드세요!

2. 네, 이제 구호를 정할 텐데요. 남자와 여자는 순발력이 차이가 있기 때문에 여자분들 같은 경우에는 구호를 '오빠'라고 외치시고요. 남자분들은 순발력이 좋기 때문에 약간 길게 '형님, 제가 정답을 알고 있으니 정답을 말할 수 있게 해 주십시오'라고 말씀하시면 됩니다.

3. 구호는 (빠르게) 저기요, 요기요, 여기요, 저요, 오빠, 아저씨, 형 이렇게 8가지 중에서 아무거나 한 가지 고르셔서 사용하시면 됩니다.

4. 정답을 아시는 분은 일인칭 대명사 나, 저요, 야 그리고 친인척 대명사 오빠, 형님, 삼촌, 당숙, 숙부, 사돈 팔촌의 할머니의 관심 일촌의 파도 타고 간 일촌의 사촌까지 아무나 불러 주시면 됩니다!

＊ 3번과 4번은 말을 빨리해야 재미있는 멘트로써 외워 두면 매우 유용하다!

- 상황 ★★★★

(상을 줄 때)

3등 상, 2등 상, 1등 상, 최우수상, 대상, 대종상 등등……

＊ 사람들은 1등이 끝인 줄 알고 있다가 최우수상과 대상이 있는 것을 알고는 폭소한다. 5명이 나오면 말만 3등 상이지, 꼴등이 되는 것이다.

- 상황 ★★★★

(최선을 다해서 게임에 임할 때)

이 세상에서 가장 장엄한 광경은 불리한 여건과 싸우고 있는 사람이다. 노벨문학상 존 골드워디의 명언이죠! 여러분들이 최선을 다하는 그 모습만으로도 저의 가슴이 벅차올랐습니다.

- 상황 ★★★★

(여자 공연에 다른 짓을 하는 남자)

이런 공연은 보통 남자분들이 눈을 못 떼시는데 저기 저분은 혼자 다른 곳 보고 계시네요. 저분은 병원에 한번 가 보시는 것이 좋을 것 같습니다.

- 상황 ★★★★

(노래자랑 하기 전, 소개 멘트)

1. 전국노래자랑 전남 여주 편에서, 수많은 참가자 중 당당하게 예선 탈락하신 분입니다.

2. 2011년 전국노래자랑 상반기 왕중왕전에서 1등 하신 분과 친구입니다. 그분 잘 지내시죠?

3. 최근의 의학이 발견한 '다이돌핀'이라는 호르몬이 있습니다. 엔도르핀이 암을 치료하고 통증을 해소하는 효과가 있다는 것은 이미 알려진 이야기지만 이 다이돌핀의 효과는 엔도르핀의 4,000배라는 사실이 발표되었습니다. 그럼 이 다이돌핀은 언제 우리 몸에서 생성될까요? 바로 '감동받을 때'입니다. 사랑에 빠지거나 좋은 여행지에 놀러 가서 아름다운 풍경을 보거나 좋은 노래를 들었을 때 가장 많은 다이돌핀이 생성된다고 합니다. 아마 이분의 노래를 들으시면 몸에 다이돌핀이 마구마구 생성되지 않을까 생각이 듭니다.

- 상황 ★★★★

(스킨십이 심한 커플에게)

사랑을 하면 눈이 먼다고 하는데 저분들은 눈이 안 보이시는지 몸을 계속 더듬으시더라고요! 이런 닭살 커플 보면 남자분이 굉장히 부러운데 오늘은 불쌍하다는 느낌이 듭니다.

- 상황 ★★★★

(퀴즈를 낼 때, 구호를 가르쳐 주기 전에)

정답 아시는 분은 테이블 밑에 있는 버튼을 눌러 주세요. 지금 버튼 찾으시는 분들은 너무 순진하신 분들입니다. 근데 이런 분들 땜에 국가경쟁력이 향상되는 거예요. 묵묵히 시키는 대로만 하시잖아요.

- 상황 ★★★★

(돌발 상황: '음악 주세요!' 했는데 음악이 나오지 않을 때)

1. 생방송의 묘미가 이런 겁니다. 녹화 방송에서는 정말 보기 힘들어요!

2. 제 목소리가 작아서 잘 안 들리시나 봐요. 원래 1인 시위보다는 다 같이 시청에 가야 말을 들어주잖아요. 하나, 둘, 셋 하면 다 같이 "음악 주세요!" 하고 외쳐 주세요! 하나, 둘, 셋.

(관객: 음악 주세요!)

3. 저번에 음향 감독님한테서 카톡이 한번 왔었는데, 답장을 안 해서 삐치셨나 봐요! 이제 답장 잘하겠습니다. 음악 부탁드릴게요! (그래도 안 나오면) 이렇게까지 안 하려고 했는데 (무릎 꿇고) 죄송합니다. 답장 잘 하겠습니다. (그래도 안 나오면) 저분은 백 퍼센트 A형일 겁니다. 그냥 음악 없이 가도록 하겠습니다!

- 상황 ★★★★

(박수가 끊임없이 나올 때)

아껴 주시고, 사랑해 주시고, 지켜봐 주시고, 박수쳐 주시고, 격려해 주시고, 예뻐해 주시고, 귀여워해 주시고, 보듬어 주시고, 감싸 주시고, 위로해 주신 여러분들께 감사 말씀 드리겠습니다.

- 상황 ★★★★

(할 말이 없을 때)

CJ, 남양유업, 두산, 롯데제과, 일양약품, 동아제약, LG전자, 크라운제과, 풀무원, 대웅제약, 하이마트, 보령제약, 종근당, 코오롱. 태평양, 아디다스, 나이키, 삼성애니콜, 한국타이어, LG건설, 포스코, 현대건설, KTF, SK텔레콤, 국민은행, 대우자동차, 외환은행, 하나은행, 삼성자동차, 현대자동차, LG화재, 동부화재, LG텔레콤, 한국통신, 현대해상, CJ쇼핑몰, LG홈쇼핑, 국순당, 팬택&큐리텔, 스포츠서울, 에이스침대, 싸이더스, 한글과 컴퓨터, LG카드, 삼성카드, BC카드에서 협찬해 주시면 좋겠습니다.

- 상황 ★★★★

(깔끔하게 정장을 차려입은 남자가 나왔을 때)

1. 이분은 패밀리 레스토랑 점장님 스타일이에요.

2. 저분은 웅진코웨이에서 정수기 판매하시거나 웅진 아이큐에서 시험지 판매하시는 분 같아요!

3. 괜찮아요. 저 보험 들어 놓은 거 많아요!

4. 구로디지털단지에서 사원증 달고 다니는 비주얼

- 상황 ★★★★

(노래를 잘 부르거나 끼가 넘치는 사람이 나왔을 때)

1. 제가 만약에 기획사 사장이라면 이분을 캐스팅해서 키우고 싶어요. 얼마 전에 제 동생도 엄청 큰 곳에서 캐스팅 제의받았거든요. 병무청이라고……

2. 제가 아는 기획사에 캐스팅하고 싶은데 가수 하실 생각 있으세요?

3. 나랑 계약서 쓰자.

4. 노래 부를 때 돌고래인 줄 알고 바다에 놔 줄 뻔했어요.

('네'라는 대답이 나올 때)

근데 2년 정도는 아마 연습생 하셔야 할 거예요! 거기 기획사 이름 들으시면 아실 거예요! 병무청이라고……

('아니요'라는 대답이 나올 때)

혹시 생각 있으시면 소개해 드리려고 했는데요! 병무청이라고 숙식 제공에 총 잘 쏘면 포상 휴가도 주는데……

- 상황 ★★★★

(지나치게 말이 많은 사람이 나왔을 때)

1. 누구 청테이프 있으면 이분 입 좀 막아 주세요!

2. 한 번 더 말씀하시면 제가 인공호흡 해 드릴 겁니다. (얼굴 자세히 보고) 죄송합니다. 저기 계신 음향 감독님께서 해 주실 겁니다. (19)

3. 네, 저분께 마지막으로 한마디만 하겠습니다. 즐~

4. 저분 우황청심환이라도 먹어야 할 것 같아요. 많이 불안해 보이세요!

5. 오늘 행사 끝나고 이분 도핑테스트 부탁드립니다.

- 상황 ★★★★

(잘생긴 사람에게)

1. 도자기의 고향, 이천에서 빚은 듯한 수려한 외모! 정말 부럽습니다.

2. 여자분들 속으로 저런 남자친구 있었으면 좋겠다! 이런 눈빛으로 바라보시는데 이태리에 가면 이렇게 생긴 노숙자분들이 많으시니까 컵라면 하나랑 소주 한 병 주고 대시하세요!

3. 이분은 얼굴 때문에 탈락입니다. 저보다 잘생겼어요!

- 상황 ★★★★

(이상한 행동을 하는 사람에게)

1. 이분은 경부고속도로 깔듯이 얼굴에 철판을 두껍게 까셨네요.

2. 저분 국과수로 보내 주세요. 아무래도 연구가 필요할 것 같아요.

3. 여자친구가 있었던 역사가 단 1초도 없었을 것 같은 분입니다.

4. 정신병원에서 100분 토론을 나누셔야 될 것 같아요.

5. 저분 머리에 꽃 좀 달아 주세요! (여성의 경우)

6. 제 단골 정신병원에 같이 한번 놀러 가셔야 할 것 같아요.

7. 이분 보시면 아시겠지만 여기는 산도 좋고, 공기도 좋고, 사람도 많은데, 물이 안 좋아요.

8. 오늘 끝나고 저분 도핑테스트 부탁드립니다.

9. 회사에 불만이 있어도 이러시면 안 됩니다.

10. 혹시 갱년기세요?(남자에게만)

- 상황 ★★★★

(말도 안 되는 소리를 할 때)

1. 무슨 구준엽 씨 고데기 하는 소릴 하세요?

2. 이게 무슨 미국 대통령 트럼프하고 북한 김정은하고 X동생 하는 상황입니까?

3. 이게 무슨 고요한 밤 거룩한 밤에 산타가 녹용 파는 소리예요!

4. 참기름 바르고 태닝하는 소리하고 있으시네요!

5. 이게 무슨 구준엽이 가발 쓰고 관광 나이트에서 DJ 보는 소리예요!

6. 이게 무슨 메시가 서울FC로 이적하는 소리입니까?

7. 만수르가 러쉬앤캐쉬 대출받는 소리예요?

- 상황 ★★★★

(프러포즈 성공 후)

사랑에 빠진 사람은 눈을 기다리고, 실연당한 사람은 비를 기다린다고 하잖아요. 제가 두 분을 위해서 준비한 것이 있습니다. (눈을 뿌린다)

- 상황 ★★★★

(커플 선정에 실패했을 때)

1. 사랑은 그 사랑을 지키고 있는 한 반드시 돌아옵니다. 사랑하는 사람들은 언젠가는 다시 만나게 됩니다. 그건 사랑하는 사람들의 영원한 법칙이에요. 사랑은 돌아오는 거예요. 너무 체념하지 마세요! 저도 지금 계속 기다리고 있습니다.

2. 사랑에 실패했다고 해서 상대를 잊으려고 노력할 필요는 없습니다. 또 새로운 누군가를 좋아하게 됐다고 해서 그전 상대에게 죄책감을 가질 필요도 없습니다. 사랑은 그때그때의 솔직한 감정이죠!

감정이 변치 않는다면 영원한 사랑이 되는 것이고, 변한다면 아름다운 추억이 되는 것입니다. 영원한 사랑이 될지 아니면 아름다운 추억이 될지는 이제 본인의 몫입니다.

비록 이 자리에서는 연이 되지 못했지만 정말로 인연이라면 언젠가는 다시 만날 겁니다. 저도 얼마 전에 그토록 보고 싶었던 첫사랑과 만났습니다. 나이트에서요! 서로 그렇게 어색할 수가 없었어요. 이렇게 인연이면 다시 만나는 거니까 너무 걱정하지 마세요!

- 상황 ★★★★

(영화관이나 공연장이 1층과 2층으로 나누어져 있는 상황에서, 1층에만 사람이 모여 있을 때)

오늘 아주 2층까지 관객들로 꽉 찼어요! (관객들이 뒤돌아보면) 뒤돌아보지 마세요. 1층, 박수와 함성! (관객 박수, 함성) 2층 박수와 함성! (MC 혼자서 오버해서 "와!!!")

- 상황 ★★★★

(말 잘하는 사람)

말 잘하시네요! 다음에 저 음식점 오픈할 때 호객 행위 좀 해 주세요.

- 상황 ★★★★

(재미있게 소개하기)

이분 같은 경우는 정말 대단하신 분이에요. 그 돈 벌기 힘들다는 주식을 해서 10배의 수익률을 올리셨어요. 그래서 지금 법조계 인사들만 산다는 고시원에 살고 계세요. 1만 원 투자해서 무려 10만 원 버셨거든요. 대단하죠!

- 상황 ★★★★

(팀별로 소통이 안 될 때)

소통이 잘 안 될 때는 대표님이라고 생각하고 맞춰 주세요!

- 상황 ★★★★

(어려워하거나 고민할 때)

"어려움을 예상하거나 혹은 일어나지도 않을 수 있는 일에 대해 걱정하지 마라. 항상 밝은 면을 보라." 벤저민 프랭클린의 명언인데요. 사실 우리는 살면서 미리 앞서 걱정하는 경우가 많습니다. 하지만 90% 이상이 일어나지도 않을 일을 고민하고 있는 것입니다. 어렵다고 생각할 시간에 어떻게 대처해 나갈지를 찾는다면 원하는 것을 더 빨리 얻으실 수 있을 것입니다.

- 상황 ★★★

(커플 프러포즈를 할 때 멘트)

보통 프러포즈할 때 무릎 꿇은 경우가 있는데 이건 나중에 결혼하면 꿇을 거니까 지금은 그냥 하세요!

- 상황 ★★★

(남자 관객이 나왔을 때 재밌는 멘트)

제가 관상을 좀 볼 줄 아는데 입꼬리가 올라가고 귀가 얇고 콧방울이 둥근 게 전체적으로 봤을 때 못생겼어요!

- 상황 ★★★

(무식한 사람이 나왔을 때)

1. 괜찮아요! 요즘 고구려를 누가 세웠냐고 하면 김을동 아들이 세웠다고 하시는 분들도 계세요.

2. 고구려를 누가 세웠냐고 물어보면 송일국이 세웠다는 분들도 계세요.

3. 한글을 한석규 씨가 창제했다는 분들도 계세요.

4. 유치원 실업계 나오셨습니까?

5. 초등학교 야간 나오셨습니까?

6. 아프리카에서 고등학교 나오셨습니까?

- 상황 ★★★

(커플 댄스 전에)

뉴욕 주립대의 연구 결과에 의하면 남자는 미인과 함께 있을 때 가지고 있는 능력을 100% 이상 발휘할 수 있다고 합니다. (둘러보고) 오늘은 보니까 이 커플은 100% 이상 능력을 발휘하실 것 같고요! 이 커플은 조금 힘드시겠네요. 왜냐면 이렇게 여자분이 너무 아름다워도 가슴이 떨려서 능력을 100% 발휘하기 힘들거든요.

- 상황 ★★★

(배가 나온 사람이 나왔을 때)

요즘 성형 추세가 수술에서 시술로 바뀌고 있다고 하는데, 이분도 그 추세에 맞춰서 배에다가 보톡스를 맞으신 것 같아요!

- 상황 ★★★

(키 크고 얼굴 큰 사람에게) (주의 멘트)

얼굴 작은 160㎝보다는 얼굴 큰 180㎝이 훨씬 좋습니다.

1. 이분은 완벽하세요. 키도 잘생기고 얼굴도 크고.

(튀는 행동을 하는 사람이 나왔을 때)

제가 행사를 다녀 보면 이런 분들 꼭 계세요! 이런 분들은 정말 대상감이에요. 연구 대상!

- 상황 ★★★

(파마머리 아주머니가 나왔을 때)

어머, 파마가 너무 잘 어울리세요! 독하고 오래가는 거 하셨네요! 한번 해 놓으면 일 년은 기본으로 풀리지 않는다는 전설의 그 파마!

- 상황 ★★★

(쌍꺼풀이 한쪽밖에 없는 사람이 나왔을 때)

쌍꺼풀 한쪽밖에 없으시네요! (안쓰럽게) 딱 보니까! 어머님이 돈이 좀 모자라서 한쪽만 하신 것 같은데, 요즘 싸니까 지금이라도 하세요.

- 상황 ★★★

(옆 사람과 잘 붙지 않으려고 할 때)

옆에 붙는다고 임신하지 않습니다!

- 상황 ★★★

(향수 냄새가 심할 때)

향수 좋은 거 쓰시나 봐요? 혹시 페브리즈 민트향?

- 상황 ★★★

(누가 봐도 촌스러운 옷을 입고 있을 때)

이 옷 어디서 봤는데…… 〈나는 자연인이다〉에서 고추농장 하시는 할아버지가 입으셨던 점퍼랑 비슷해요!

- 상황 ★★★

(가족 소개를 할 때)

1. 저희 아버지 취미가 부동산이에요! 그래서 지금도 집에서 부루마불을 열심히 하고 계세요.

- 상황 ★★★

(말이 많은 사람에게)

1. 팔만대장경 읽는 줄 알았어요.

2. 저희 초등학교 교장 선생님보다 말이 많아요!

- 상황 ★★★

(앉았다가 일어났는데 생각보다 키가 작을 때)

앉아 계실 때는 분명히 장신이셨는데……

- 상황 ★★★

(괜한 고집을 피우는 사람에게)

왜 우기세요? 혹시 국적이 일본이세요?

- 상황 ★★★ (주의 멘트)

(화장을 안 한 여성에게)

1. 이분은 제가 잘 아는 얼짱 중 한 분이신데…… 제발 화장 좀 안 지우고 다니셨으면 좋겠어요.

2. 여자분들의 특권이 화장인데 이렇게 특권을 무시하시면 보는 우리가 힘들어서 안 됩니다.

3. 요즘 생얼로 다니는 게 유행이죠. 근데 따라 하지 않을 유행은 따라가지 않으시는 게 좋습니다. 유행을 너무 따라 하신 것 같아요!

- 상황 ★★★ (주의 멘트)

(몸매가 빼어난 여성이 나왔을 때)

1. 몸매 좋은 여자를 콜라병 같다고 하는데 몸매가 정말 콜라병 같으세요. 1.5리터짜리 콜라병!

2. 몸매가 피카소적이시네요. 인상적입니다.

3. 몸매가 서울대를 수석으로 입학한 학생 같아요. 굉장히 성실해요!

- 상황 ★★★ (주의 멘트)

(눈썹을 그리지 않은 여자에게)

1. 눈썹을 집에다가 키핑해 두시고 오셨어요?

2. 이렇게 화장을 지우고 다니시는 분들 계신데! 제발 눈썹 문신 좀 하셨으면 좋겠어요. 볼 때마다 깜짝깜짝 놀라요!

3. 이분은 정말 얼굴이 예술작품이세요. 모나리자!

4. 이분을 보니까 조용필 씨의 그 노래가 떠오르네요. 모나리자! "정녕 그대는 나의 사랑을 ♬"

- 상황 ★★★

(머리 스타일이 너무 단정한 사람. 예) 3:3 가르마, 2:8 가르마 등등)

1. 의상 좋고, 얼굴도 잘생기셨고, 이제 머리 스타일만 바꾸시면 되겠네요.

2. 머리 스타일이 멋지시네요. 블루클럽에서 싸고 저렴하게 잘하셨네요!

- 상황 ★★★

(머리를 빡빡 깎은 사람에게)

1. 감사합니다. 출소하시고 이렇게 바로 나오시다니……

2. 혹시 어느 흥신소에서 나오셨어요?

- 상황 ★★★

(몸매가 좋은 남자가 나왔을 때)

몸이 상당히 좋으시네요. 운동을 많이 하셨나 봐요! 근데 냄새가 좀……
여러분들은 멀리 계셔서 잘 모르실 거예요! 절대로 이분 몸이 부러워서 그러는 거 아니고요!

- 상황 ★★★

(킹카, 퀸카에게)

1. 바지도 멋지고, 신발도 멋지고, 얼굴도 멋지고, 성형수술도 잘되셨네요!

2. 옷도 명품이시고, 분위기도 럭셔리하고, 얼굴도 멋지고……(느끼하게) 좋아?

- 상황 ★★★ (주의 멘트)

(욕하는 사람이 있을 때)

괜찮아요. 요즘에는 TV에서도 욕을 하던데요. 저번에 홈쇼핑을 봤는데, "오늘은 종갓집 김치가 준비되어 있습니다. 재료는 국내산 배추, 국내산 고춧가루, 명란젓, 창난젓, 오징어젓 같은 경우에는……" 이런 식으로……

- 상황 ★★★

(여자가 미모가 뛰어난 커플)

여자친구분 너무 아름다우세요. 이 남자분처럼 돈만 많으면 이렇게 아름다우신 여자분도 만날 수 있는 거군요. 저도 열심히 살아야겠다는 희망이 생기네요!

- 상황 ★★★

(송년회 노래할 사람을 모실 때)

오늘의 하이라이트, 초청 가수와 함께하는 시간입니다.

국민가수! 인순이 씨를 뜨겁게 맞이해 주시기 바랍니다.

(관객: 와!!)

(놀라는 척하며 뒤로 가서 관계자와 이야기하는 나누는 척하고는)

인순이 씨가 나오실 예정이었는데 마침 오늘이 방송 녹화가 있어서 대신 그 동네에 사시는 분이 오셨습니다!

- 상황 ★★★

(하나가 돼서 무언가를 성공시켰을 때)

이럴 때 우리가 한민족이라는 것을 느낍니다. 대~한~민~국!

- 상황 ★★★

(음향이 안 맞을 때)

사실 중국 분께서 음향을 담당하고 있습니다. (이상하게 말하기) 알라 샤오 징따오밍 마하 배고파 먹을 것 사와 싼 걸로 사와 요즘 중국 분들이 한국 분들보다 페이가 비싸요! 근데 저분은 짜장면을 먹으면 일을 잘합니다.

- 상황 ★★★

(피부가 좋은 사람에게)

피부가 너무 좋으세요! 김연아가 빙상해도 될 것 같아요!

- 상황 ★★★

(남을 비난하는 사람에게)

"당신이 하나의 손가락으로 남을 비난하고 있을 때, 나머지 세 손가락은 당신을 향해 있다는 것을 명심해라." 지그 지글러의 명언입니다.

- 상황 ★★★

(사랑 고백)

세상에서 가장 용감한 사람은 군인도 아니고 스턴트맨도 아닙니다. 바로 사랑하는 사람에게 그 사랑을 고백할 수 있는 사람입니다. 용기를 내서서 사랑하시는 분께 지금 고백하시기 바랍니다.

- 상황 ★★★

(단체 미팅에서 상대방을 지목하기 전에)

만일 당신이 다른 사람의 눈을 2초 이상 쳐다본다면 그것은 당신이 그에게 관심이 있음을 의미한다고 합니다. 그런 의미에서 이성을 지목하기 전에 우선 눈빛 교환부터 하도록 할까요?

- 상황 ★★★

(아주머니나 할머니가 무대 위로 올라왔을 때)

(달려 나가서 무릎을 꿇으며) 제가 업어 드릴게요!

(살짝 업고) 어휴 무거우시네요. 그냥 뛰세요!

- 상황 ★★★

(뛰어서 무대로 올라오는 여자)

빨리 올라오시는 건 좋은데 뛰지는 마세요! 살 빠져요! 어떻게 찌운 살인데 천천히 올라와야죠!

- 상황 ★★★

(완벽한 남자가 나왔을 때)

얼굴도 잘생기고, 키도 크시고, 성격도 분명히 좋으실 것 같으세요. 하지만! 사람은 완벽할 수가 없습니다. 아마도 목소리가 여자 목소리 같거나, 냄새가 심하다거나 그럴 겁니다. 일단 이분의 이미지 관리를 위해서 말은 걸지 않겠습니다. 목소리가 분명 여자 목소리 같을 거예요.

- 상황 ★★★

(무대에 많이 나온 사람에게)

언제 오셨어요? 사고 현장에 아무도 모르게 나와 있는 레커차 같으세요!

- 상황 ★★★

(결혼식 사회를 볼 때 - 식당 안내 멘트)

네, 오늘 저희가 어렵게 자리해 주신 귀빈분들을 위해서 맛있는 음식을 준비했는데요. 축의금을 10만 원 이상 내신 분들을 위해서 최고급 프리미엄 럭셔리 뷔페가 준비되어 있으니까요. 많은 이용 부탁드립니다! 5만 원 이상 내신 분들에게는 최고급 한우로 만든 갈비탕을 준비했습니다. 안 내신 분들은 잠시 기다리시면 이번 예식 후에 다음 예식이 시작되는데 그때 드시면 되겠습니다!

- 상황 ★★★

(재미있는 멘트를 했는데 관객들이 웃지 않을 때)

이 멘트는 저기 저분이 시킨 겁니다.

- 상황 ★★★

(귀빈을 소개할 때)

네, 오늘 많은 분들이 자리해 주셨는데요. ○○에서 오신 ○○○, ○○에서 오신 ○○○, ○○에서 오신 ○○○ 그리고 저기에 한 자리가 비어 있는데요! 약 20분 뒤에 (연예인, 예를 들어 월드스타 싸이) 씨가 오셨으면 좋겠다! (귀엽게)

- 상황 ★★★

(결혼을 안 한 총각이나 처녀)

관상을 보니까 돈이 들어오는 상이에요. 남자 복도 있어요, 아주 잘생기고 멋진 사람과 50대 후반에 결혼할 것 같아요. 축하드립니다!

- 상황 ★★★

(남녀가 함께하는 행사)

애인 없이 오신 분들 계세요? (남녀가 손을 들면) 서로 소개팅 하세요. (둘의 눈치를 살피고 나서) 두 분 다 인상 쓰시네요! 별로 맘에 안 드신 것 같은데 두 분 오늘 행사 끝나고 클럽 가서 짝을 찾으세요.

- 상황 ★★★

(얼굴을 가리며 쑥스러워할 때!)

굉장히 쑥스러워하시는데 그래도 고칠 건 고쳐야 돼요. 짧은 치마 입고 카디건으로 다리를 가리실 거면 차라리 바지를 입으시고, 파인 옷 입고 손으로 가릴 거면 목 폴라를 입으세요! 이렇게 쑥스러워하실 거면 차라리 무대로 올라오지 않으셨어야 했는데, 이미 올라오셨으니까 자신감을 가지시고 열심히 하시기 바랍니다!

- 상황 ★★★

(무대에서 건배 제의 할 때!)

분명히 고급 와인인데 꼭 농사일 마치고 먹는 막걸리 마시듯 드시네요!

- 상황 ★★★

(재미없는 멘트를 했을 때나 망가지는 행동을 했을 때)

(목걸이를 흔들면서) 방금 본 것은 기억 속에서 지워 버리세요.

- 상황 ★★★

(상대방에게 짓궂은 장난을 했을 때)

혹시 제가 언짢게 해 드린 건 아니죠? 만약 그렇다면 지금 바로 그 자리에서 저한테 침을 뱉어도 좋습니다. 어차피 앞사람 뒤통수에 맞으니까요!

- 상황 ★★★

(아기를 안고 있는 엄마)

아기가 너무 예쁘네요! 엄마를 안 닮았네. 농담이에요!

- 상황 ★★★

(음악회에서)

저쪽에 보니까 음악을 느끼시는지 고개를 끄덕이시는 분들이 있으시던데, 혹시 주무신 건 아니죠?

- 상황 ★★★

(시나리오에 영어가 많이 나올 때)

1. 저기 시나리오에 영어가 매우 많이 나오는데 다음에는 스펠링 말고 한국말로 써 주세요! 헬. 로. 우. 이렇게 부탁드립니다.

2. 여러분 잘 모르시나 본데, 저 대한민국 사람입니다.

- 상황 ★★★

(글래머러스한 여자에게)

먼저 이 여자분, 이야~ 글래머세요. 너무 아름답습니다. 저희 누나도 글래머인데 누나는 온몸이 글래머예요!

- 상황 ★★★ (19)

(친구 소개 멘트)

저기 서 계신 저분, 정말 착실하신 분이에요. 어린 나이에 부산에 올라와서 새벽에는 조간신문 돌리고, 오후에는 주유소 아르바이트, 저녁에는 호프집 알바하고 그렇게 번 돈으로 강남 클럽 가서 술 마셔요.

지금 서울에 올라온 지 10년이 다 돼 가는데 가진 돈이라곤 28만 원이 전부입니다. 가진 건 없어도 하루를 열심히 사는 남자 ○○○입니다. 박수 부탁드립니다.

- 상황 ★★★

(공연 소개 멘트)

이번 공연팀은요! 좀 까칠한 사람들입니다. 실제로도 좀 많이 까칠해요!

여러분들이 보내는 환호와 박수만큼만 공연합니다. 박수와 함성이 크면 정말 여러분 인생 최고의 공연이 되실 거고요. 박수가 별로 안 나온다면 대충하고 하고 가실 겁니다. 여러분 박수 많이 쳐 주실 거죠?

(관객: 네!)

○○○의 무대입니다. 큰 박수 부탁드립니다.

- 상황 ★★★

(목소리가 좋은 사람)

1. 목소리가 정말 좋으세요. 성우들이 왔다가 설날까지 기다려서 세배를

하고 갈 것 같아요!

2. 목소리가 정말 좋으세요. 혹시 목소리 좋아지는 수술 하셨어요?

- 상황 ★★★

(손가락이 오그라드는 해묵은 개그만 하는 사람)

1. 80년대 후반을 끝으로 단종 된 멘트들이네요.

2. 이게 무슨! 일제강점기 개그입니까?

3. 유관순 누나 대한독립 만세 부르던 시절 개그입니까?

4. 저기요, 손가락 보이시죠? 오그라드는 거!

5. 이런 개그는 90년대 〈코미디 일 번지〉에서도 안 먹어 주는 개그예요!

- 상황 ★★★

(맛있는 걸 먹었을 때)

이야~ 이걸 먹으니까 혀가 널을 뛰어요. 주인님, 한 개 더~ 한 개 더~ 기브 미~ 기브 미~

- 상황 ★★★

(자꾸 이상한 소리를 하는 사람에게)

조퇴시켜 드릴게요. 집에 가서 좀 쉬세요!

- 상황 ★★★

"No man is a failure who is enjoying life." 윌리엄 페더의 명언이죠? 삶을 즐기는 사람은 실패하지 않는다. 지금 이 순간을 즐기십시오. 절대로 후회하지 않을 것입니다.

- 상황 ★★★

(여성이 앞으로 나올 때)

1. 네 지금 멀리서 걸어 나오고 계십니다. (약간 흥분한 어조로) 정말로 예쁘고 섹시하고 귀여운 여성분이 나왔으면 좋았을 텐데……

2. 어우, 저분 아름다우신데요. 앞으로 나오세요! (막상 나오고 나자 다소 실망한 어투로) 뭐라고 해야 할까요? 사진 속에 모습이 너무 예뻐서 만났는데 실물을 보고 갑자기 집으로 도망가고 싶어진 느낌!

- 상황 ★★★

(댄스 타임에 MC에게 달려들어 춤을 추려고 할 때)

1. (음악을 끄면서) 여기까지입니다.

2. 남자에게: 이러지 마세요! 저 사귀는 남자친구 있습니다.

3. 여자에게: 저 책임지지 못할 거면 이러지 마세요! (그래도 계속하면 더 미친 듯이 춤춘다.)

4. 순결을 잃은 것 같은 기분입니다.

5. (같이 미친 듯이 춤을 춘다.) 사는 게 쉬운 것만은 아닙니다.

- 상황 ★★★

(혼자 해도 되는 것을 굳이 같이하려고 할 때)

옛말은 틀린 말이 없다고들 하는데 틀린 말이 있습니다. 먼저 백지장도 맞들면 낫다. 이거 바꿔야 합니다. 백지장을 맞들면 찢어진다! 혼자 할 일은 혼자 하자라는 좋은 의미죠.

- 상황 ★★★

(영어를 잘하지 못했을 때)

1. 제가 저녁에만 영어 공부를 해서 낮에는 잘 못해요!

2. 영어를 담배 끊을 때 같이 끊어서 잘 모르겠네요.

3. 여러분들 제가 말씀드릴 게…… 저 한국 사람입니다.

- 상황 ★★

(영어 발음이 잘 안될 때)

1. 제가 영어를 끊은 지가 오래돼서……

2. 아침에만 영어 공부를 해서 밤에는 잘 못합니다.

- 상황 ★★

(야외 음악회에서 감미로운 노래를 듣고)

방금 들은 음악은, 바람이 코를 간질이는 듯 설렘 가득한 이곳에 가장 잘 어울리는 곡 같습니다.

- 상황 ★★

(해맑게 웃는 사람)

그 어떤 나이트클럽 조명보다도 밝게 웃으시네요!!

- 상황 ★★

(보기 거북할 때)

방송이었다면 채널이라도 돌릴 텐데……

- 상황 ★★

(많이 까부는 사람)

혹시 술 드셨어요?

(상대방: 아니요.)

이야~ 놀랍습니다. 사람이 술을 안 먹고도 이럴 수 있군요.

- 상황 ★★

(귀여운 사람)

너무 귀여워서 주머니에 넣고 다니고 싶어요. (주머니 열고) 들어오세요!

- 상황 ★★

(힘이 좋을 것 같은 여자)

1. K1 선수와 스파링을 떠도 충분히 이길 것 같아요!

2. 지금 싸우면 제가 이분한테 질 것 같아요!

3. 제가 완력으로는 이기기 힘들 것 같아요.

- 상황 ★★

(7080 노래를 부를 때)

긴장하지 마시고 미사리 모드로 불러 주세요!

(노래 다 부르면) 미사리 카페에 온 줄 알았습니다.

- 상황 ★★

(퀴즈 게임을 할 때)

정답이 틀리면 의자가 뒤로 넘어갑니다.

- 상황 ★★

(인터뷰를 하는데 마땅한 질문이 없을 때)

질문 학원 좀 다녀야겠어요. 할 질문이 없어요!

- 상황 ★★

(말투가 왠지 싼 티 나는 사람)

1. 멘트가 상설할인매장 같은 느낌이네요!

2. 멘트가 다이소 느낌이네요!

3. 멘트가 최저가, 균일가 수준이네요!

- 상황 ★★

(거친 느낌의 사람)

1. 이런 분 정말 보기 힘든데, 다듬어지지 않은 야생의 기운이 느껴져요!

2. 이런 분 정말 보기 힘든데, 최민수 씨가 산에서 막 내려왔을 때 이런 느낌 아니었을까요?

3. 이런 분들이 〈나는 자연인이다〉에 나와 주셔야 됩니다.

- 상황 ★★

(표정이 어두운 사람)

1. 표정이 불을 안 땐 다 식은 온돌방 같으세요!

2. 얼굴 표정이 동파된 수도관 느낌이네요!

3. 혹시 요즘 안 좋은 일 있으세요?

-상황 ★★

(긴장한 사람)

목에 힘 좀 푸시고요! 이분 보면 저까지 몸에 담이 오는 느낌이에요.

-상황 ★★

(먹는 선물을 소개할 때) 40대 이상

이 (선물, 예를 들어 복분자 와인)을 마시면 등 돌리고 자던 부부에게도 늦둥이가 생깁니다. 심지어 이혼해서 따로 사는 부부에게도 애가 생겨요. 그 정도로 대단한 것입니다!

-상황 ★★

(지저분하게 관객들을 웃길 때)

이렇게까지 해서 웃겨야 하나 하실 텐데 네! 이렇게까지 해서라도 웃겨야 합니다.

-상황 ★★

(퀴즈를 잘 못 풀 때)

괜찮아요, 저는 저희 어머님 성함도 가끔 까먹어요. 문제가 어려우시면 쉬운 문제로 다시 드릴게요.

-상황 ★★

(노래자랑에서 20대가 트로트를 부르면)

나이는 20대인데 나훈아 씨의 연륜이 느껴집니다.

-상황 ★★

(프러포즈 멘트)

높이 나는 연이 행복한 건 자유롭기 때문이 아니야. 항상 실이 같이 있기 때문이지. 이제 내가 너의 실이 되어 줄게!

- 상황 ★★

(얼굴이 개성 있는 사람이 나왔을 때)

이 불법 주차된 이목구비! 강남의 성형외과 의사분이 이분을 보시면, 이목구비를 제대로 견인시켜 주고 싶은 욕구가 무한정 솟아오를 것 같아요!

- 상황 ★★

(앙코르 유도)

저 뒤에서 앙코르 소리가 조그맣게 들리는 것 같아서!

- 상황 ★★

(게임 설명이 다시 필요한 상황)

게임 규칙을 모르시는 분이 계시면 옆에 있는 분께 1:1 강의를 받으시기 바랍니다.

- 상황 ★★

(이상한 옷을 입은 사람에게)

이런 분이 바로 올해 패션왕입니다. 보기만 했을 뿐인데도 손발이 오그라드는 이 패션 대단합니다!

- 상황 ★★

(이상한 괴성을 지를 때)

어디서 늙은 개가 주인한테 맞고 있는 소리가 들려요!

- 상황 ★★

(사람을 뽑을 때)

가장 아름다운 분을 뽑아야 하는데…… (둘러보고) 오늘은 참 곤란합니다. 다들 너무 아름다우셔서 누굴 뽑아야 할지 모르겠습니다.

* 추가 애드립: "이 앞에 계신 여자분 엄청 좋아하시는데 본인한테 한 소리 아닙니다."

- 상황 ★★

(행사가 1, 2부로 나누어져 있을 때, 1부 행사를 끝내면서)

잠시 후에는 이마로 맥주병 깨고 입원하기, 닭털 뽑아서 파카 만들어 입기, 란제리 패션쇼, 부탄가스 불기 대회, 아기 코끼리 업고 오래달리기, 전봇대 빨리 뽑아서 옮기기 등의 게임이 이어집니다.

* 생각만 해도 재미있는 있을 것 같은 게임들을 나열하면 된다.

- 상황 ★★

(남자가 웃통을 벗었을 때)(주의 멘트)

휴지로 겨드랑이를 닦아 준다.

- 상황 ★★

(입술이 유난히 두꺼운 사람에게)(주의 멘트)

밤마다 여자친구가 입술에 부항을 떠 주시나 봐요.

- 상황 ★★

(웃긴 얘기를 했는데 안 웃을 때)

재미없어요? 그럼 옆에 분 얼굴 보세요, 웃기죠?

- 상황 ★★

(한국어 발음이 안 좋은 사람에게)

외국에서 살다 왔나 봐요. 엄~~ 워춰 네임, 네일아트, 롯데리아, 징거버거, 베스킨라빈 써리원, 체리쥬빌레, 너 정말 죽을래?

- 상황 ★★

(실제 나이보다 들어 보이는 학생에게)

어른이 되려면 숙성되는 과정을 거쳐야 합니다. 그런데 이 친구는 숙성이 너무 지나쳐서 발효가 된 것 같아요.

- 상황 ★★

(자꾸 동문서답하는 사람에게)

이게 무슨 오밤중에 끓는 물 마시고 벽치는 소리예요?

- 상황 ★★

(겁이 없는 사람)

겁을 일시불로 상실하신 것 같아요

- 상황 ★★

(상대방을 까는 멘트를 한 후에)

농담입니다. 근데 거짓말은 아닙니다.

- 상황 ★★

(밸런타인데이에 진행할 때)

이제 얼마 뒤면 밸런타인데이인데요. 저는 이맘때면 지구상의 모든 카카오나무들을 뿌리까지 뽑아 버리고 싶어요.

- 상황 ★★

(상대방이 자랑할 때)

저도 제 자랑 같아서 말씀 안 드리려고 하는데 저 로또에 당첨됐습니다. 그것도 5등에!

- 상황 ★★ (주의 멘트)

(쌍꺼풀 있는 여자에게)

혹시 목돈 필요하세요? 빨리 성형외과부터 고소하세요!

- 상황 ★★

(숨이 거친 사람에게)

42㎞ 행군하고 오셨어요? 왜 이렇게 숨이 거치세요?

- 상황 ★★

(럭셔리한 사람에게)

1. 머리 스타일이 이덕화 씨의 가발만큼이나 고급스럽네요.

2. 정장이 이건희 회장의 맞춤 정장만큼이나 고급스럽네요.

3. 혹시 12FW 샤넬 모델이세요? 럭셔리 잡지에 나왔던 모델분하고 분위기가 너무 비슷해요!

- 상황 ★★

("옆에 누구에요?"라고 물어봤는데 언니(혹은 이모)라고 할 때)

엄마가 밖에 나가면 언니(혹은 이모)라고 부르래?

- 상황 ★★ (주의 멘트)

(미남/미녀 중에서도 옷을 잘 입은 사람)

이야~ 명품 버○리 입으셨네요. 액세서리와 의상이 모두 명품이신 걸 보니까 백화점에 자주 가시나 봐요! 얼굴은 다이소인데……

- 상황 ★★

(화장실을 가고 싶어 하는 사람에게)

1. 어서 화장실 다녀오세요. 잘 싸는 것이 중요하다는 사자성어도 있잖아요. 노상방뇨!

2. 어서 화장실 다녀오세요. 대신 3분 내로 오시지 않으면 큰 걸로 간주합니다.

- 상황 ★★

(부하 직원을 막 다룰 때) (주의 멘트)

너무 그러지 마세요. 아랫사람을 사랑으로 보살펴야 한다는 뜻의 사자성어도 있잖습니까? '원조교제'라고.

- 상황 ★★

(노래 자랑을 하기 전에)

인공지능 노래방 기기이기 때문에 노래를 못 부르시면 저절로 끊깁니다.

- 상황 ★★ (주의 멘트)

(다리가 튼튼한 10대, 20대)

다리를 보니까 고등학교에 언덕이 많았나 봐요.

- 상황 ★★

(말을 짧게 하는 관객에게)

이분은 MC들이 정말 싫어하는 스타일이세요. 신동엽 씨나 오프라 윈프리 같은 MC들도 이분 앞에 서면 힘들어할 것입니다!

- 상황 ★★

(질문을 유도했는데 반응이 없을 때)

알면 안다! 모르면 모른다! 대답을 해야 할 거 아닙니까? 무대에서 나 혼자만 너무 외로운 거 아니야?

- 상황 ★★

(다 같이 노래를 부를 때)

이 노래 아시죠? 네, 다 같이 불러 보겠습니다! 1, 2, 3, 4(아무 반응이 없을 때) 다 아신다고 하셨잖아요? 뻥친 거예요? (장난스럽게)

* 아는 노래라도 막상 시키면 아무도 못 한다. 그런 심리를 이용하는 것이다. 다 같이 못 할 때 사회자가 화를 내면 사람들은 민망함 때문에 웃음이 나온다.

- 상황 ★★

(힘이 좋아 보이는 사람)(주의 멘트)

정말 이분은 번식력이 너무나 강해 보이세요!

- 상황 ★★

(여자에게 다가가면서)

멀리서 봤을 때부터 너무 아름답다고 생각했는데, 가까이 갈수록 너무 빛이 나서 다가갈 수가 없어요!

- 상황 ★★

(복근이 있는 남자에게)

몸이 명란젓이에요! 아주 꽉꽉 들어찼어요!

- 상황 ★★(19)

(힘이 좋은 남자에게)

화장실에서 남자분들 보통 변기에 한 발짝 붙어서 볼일 보시잖아요. 근데 이분은 두 발짝 뒤에서 볼일 보시면서 자랑하실 것 같아요!

- 상황 ★★

(운이 좋은 사람에게)

이분 정말 기분 좋으시겠어요! 다 먹은 부대찌개에서 햄을 건진 그런 느낌이실 것 같아요!

- 상황 ★★

(용기 있는 사람에게)

이분은 정말로 용기가 대단하세요. 에버랜드 사파리에도 그냥 걸어 들어가실 수 있으실 것 같아요!

- 상황 ★★

(힘이 없는 사람)

이분은 고무 대야에 절여 놓은 배추 같아요! 무슨 일 있으셨어요?

- 상황 ★★

(개념이 없는 사람에게)

1. 개념을 안드로메다에 효도 관광을 보내셨군요.

2. 본인이 가졌어야 할 개념을 아바타한테 그냥 주셨나 봐요.

- 상황 ★★

(선물 받은 사람이 또 선물을 받게 되면!)

아름다우신 분께 전달해 주세요.

(선물을 전달하면)

아름다우신 분께 드리라고요!

- 상황 ★★

(대학교 OT)

오늘 ○○대학교에서 새내기분들과 이렇게 함께하게 되었는데 이분은 새내기가 아니라 묵내기하다 오신 것 같아요. 아주 진하게 태닝하셨네요!

- 상황 ★★

(태닝이 매우 진하게 된 남자)

이분 피부색은 윌 스미스 안 부럽네요!

- 상황 ★★

(여자에게)

이분은 전지현과 김태희를 합쳐 놓은 것 같아요! 머리 크기가!

- 상황 ★★

(남자에게)

이분은 하나만 고치면 현빈 소리 들으실 것 같아요. 이름을 현빈으로 바꾸시면 현빈 소리 들으시겠죠!

- 상황 ★★

(재미있는 사람에게)

이분 정말 너무 재미있는 분이세요. 세계적인 코미디의 거장 찰리 채플린이 이분의 개그를 보고 너무 웃겨서 설날까지 기다렸다가 세배를 하고 가겠어요!

- 상황 ★★

(퀴즈 낼 때)

전화 찬스 있습니다. 전화번호 알려주세요. (참가자: 010-○○○○-○○○○)

네, 연결되었습니다. (참가자: 여보세요.)

네, 여기까지입니다.

- 상황 ★★

(이성 친구에 대한 인터뷰를 한 후에)

이성 친구와 전화 연결되어 있습니다. 한번 불러 보세요.

(참가자: 여보세요?) 네, 여기까지입니다.

- 상황 ★★

(무대로 나온 커플에게)

두 분 저기를 보세요! (두 사람이 한곳을 바라보면) 사랑은 마주 보는 것이 아니라 서로 같은 곳을 바라보는 것입니다.

- 상황 ★★

(키는 큰데 말하면 깨는 사람)(주의멘트)

몸매는 8등신인데요. 말씀하시는 거 들어 보면 그 8등신에서 8을 빼야 할 것 같아요!

- 상황 ★★

(매력 있는 사람)

양파 껍질 같은 캐릭터세요!

- 상황 ★★

(멘트를 했을 때 어설프게 웃을 때)

눈치 보시면서 웃으시는데 이런 분들은 대부분 A형입니다. 어떤 A형은 이러고 웃어요! (배를 잡고 입만 벌린다) 눈치 보지 마시고 신나게 즐기세요!

- 상황 ★★

(정신을 못 차리고 있는 사람)

정신이 잠깐 마실 나가신 것 같아요!

- 상황 ★★

(목소리가 이상한 사람)

헬륨가스 10통은 족히 마신 목소리세요!

- 상황 ★★

(목소리가 유난히 하이톤인 여자)

혹시 어머니가 소프라노 조수미 씨 아니세요?

- 상황 ★★

(어린 목소리를 가진 사람에게)

목소리가 동안이시네요!

- 상황 ★★

(사람 소개 할 때)

이 친구는 딱 보시면 아시겠지만 잘생기고 멋있고 귀엽기까지 해요! 라는 말을 본인 입으로 하고 다닙니다!

- 상황 ★★

(불안해하는 사람, 예를 들어 순위 발표)

불안감이 연체된 카드 값처럼 밀려오죠?

- 상황 ★★

(다양하게는 하지만 제대로 하지 못하는 사람)

이분은 딱 오리 같아요! 뛰기도 하고 날기도 하지만 제대로 하는 건 하나도 없어요!

(집중하지 못하고 자꾸 딴짓을 하는 사람)

게임 중에 유체이탈 하시면 안 돼요!

- 상황 ★★

(재미없게 말하는 사람)

죄송한데 신문 사설도 이것보다는 재밌을 것 같아요!

- 상황 ★★

(어색할 때)

심심하시면 이거라도(에어캡)!

- 상황 ★★

(재미있게 소개하기)

이분은 난지도 근처 쓰레기통에 버려져 있어서 잘 씻기고 키워 놓았더니 이제는 저를 버리려고 해요. 아마 언젠가는 법원에서 만날 것 같아요!

- 상황 ★★

(커플 이벤트)

"칭찬은 고래를 춤추게 하고 선물은 남자친구를 춤추게 한다."라는 말이 있습니다. 이 자리에서 여자친구가 남자친구에게 선물을 줄 수 있는 기회를 드리겠습니다. 선물은 뽀뽀고요. 남자친구는 뽀뽀를 받고 나서 춤을 추시면 됩니다.

- 상황 ★★

(키에 따라 서 있을 때)

사이즈별로 다 있네요. 엑스라지, 라지, 미디움, 스몰!

- 상황 ★★

(순수해 보이는 사람이 나왔을 때)

순수특별시가 있다면 이분을 시장으로 뽑아 드리고 싶어요. 저분은 변태 특별시 시장에 출마하시면 100% 뽑힐 것 같아요!

- 상황 ★★

(여자들이 무대로 많이 올라오면)

자, 미모순으로 서 주세요. (얼굴 보고 나서) 거기서 거기네요. 아무렇게 나 그냥 서시면 되겠네요.

- 상황 ★★

(3명의 여자나 3명의 남자가 나오면)

이분이 수술 전, 이분은 수술 후 그리고 이분은 부작용.

- 상황 ★★

(여자들만 여러 명이 올라왔을 때)(주의멘트)

자, 남자친구 없는 분들만 무대 위로 빨리 올라오세요. 선물 드리도록 하 겠습니다. (올라오면) 자, 오늘 뭐 안티미스코리아대회 분위기네요. 농담 입니다.

- 상황 ★★

(몸매에 신경을 많이 쓴 사람에게)

이분은 보니까 버는 족족 몸에 투자하시는 것 같네요. 근데 돈을 많이 못 버시나 봐요.

- 상황 ★★

(우는 사람에게)

눈물을 글썽이시는데, 하품하셨나 봐요.

- 상황 ★★

(상대방을 놀리는 멘트를 한 후에)

제가 한 말의 99%가 뻥이고 1%가 진실입니다. 참고로 지금 한 말은 진실입니다.

- 상황 ★★ (주의 멘트)

(눈웃음치는 사람)

웃는 얼굴이 보기 좋네요. 웃을 때 눈가랑 입가에 주름이 자글자글하셔서 꼭 만두피 같아요.

- 상황 ★★

(어린 아이에게)

나이가 몇 살이에요? 동안이에요!

- 상황 ★★

(애정 행각이 지나칠 때)

미친 거죠? 사랑에 미친 겁니다.

- 상황 ★★ (19)(주의 멘트)

(머리가 큰 사람에게)

이분은 목련꽃 같으세요. 목련꽃은 머리가 큰 꽃이죠.

- 상황 ★★

(열심히 임하는 사람에게)

인간 사회에 적응하려는 모습이 대단하시네요.

- 상황 ★★

(염색한 사람에게)

염색이 상당히 잘되셨네요. 동네 애견센터에서 염색하셨나 봐요?

- 상황 ★★

(선글라스를 낀 사람에게)

선글라스가 멋지시네요. 맥아더 장군 같으세요!

- 상황 ★

(물음에 대한 답이 없을 때)

고맙습니다. 대답도 없고……

- 상황 ★

(근육이 전혀 없는 남자에게)

여자친구분한테 가슴 근육과 복근 세트를 선물로 주시려면 운동을 아주 많이 하셔야 될 것 같아요.

- 상황 ★

(마이크에 대고 말하지 않으려는 사람에게)

이분은 마이크가 무서운가 봐요? (마이크 일부러 들이대며) 워~ 워~

- 상황 ★

(쭉쭉 뻗은 머리 스타일을 하고 있는 사람에게)

머리 스타일이 직설적이시네요.

- 상황 ★

(빼어난 몸매에 예쁜(혹은 잘생긴) 얼굴을 가진 사람에게)

예의 바른 몸매에 미안한 몽타주.

- 상황 ★

(노래자랑 때 오버하는 사람에게)

혼자 전국 노래자랑 나오셨어요?

- 상황 ★

(무대에 남자 3명이 있을 때)

3명 있으니까 보기 좋습니다. 소방차 같고!

- 상황 ★

(동행이 있다고 해서 찾았는데 없을 때)

이분 동행 손 들어 보세여? 나 같아도 쪽팔려서 손 안 들겠다!

- 상황 ★

(다 같이 박수 치면서 환호할 때)

위에서 보니까 꼭 사이비종교단체나 다단계회사 회원들 같아요!

- 상황 ★

(보이시한 분위기의 여성에게)

제 중학교 친구랑 닮았어요. 그 친구가 '얼짱'이었는데 남자였어요!

- 상황 ★

(괴성을 지를 때)

오랜만에 들어보는 짐승의 울음소리!

- 상황 ★

(덩치가 큰 사람)

싸움 잘하실 것 같은데, 주먹 한번만 보여 주세요. (놀라는 척) 이야! (비웃으며) 귀엽네요.

- 상황 ★

(느끼하게 생긴 사람)(주의멘트)

우와, 잘생기셨네요! 80년대 성인 배우를 보는 것 같아요.

눈도 부리부리하시고……

- 상황 ★

(행사 마지막에 분위기를 잡을 때)

마음을 평화롭게 하는 것들을 생각해 보세요. 촛불, 작은 연못, 날아가는 새 떼, 가족사진, 미술관, 베토벤의 엘리제를 위하여, 모닥불, 빗소리, 향기로운 차, 바다 냄새, 숲의 향기……

(목 부위가 파인 옷을 입은 사람에게)

잘 생기셨어요. 쇄골뼈가 아주 잘생기셨어요!

(자랑이 많은 사람에게)

이런 말씀 계속하시면 보는 사람들한테 미안하지 않으세요?

(질문이 많은 관객에게)

1. 저기…… 어느 흥신소에서 호구조사 나오셨어요?

2. 질문이 너무 많으시다, 질문에 맞아 죽겠네!

(마이크 테스트 할 때!)

마이크 테스트 책책책, 국어책! 수학책! 과학책!

(말을 잘 안 듣는 사람에게)

제사 지낼 때 병풍 앞에서 향냄새 맡아보셨죠? 자꾸 이러시면 병풍 뒤에서 향냄새를 맡게 되실 겁니다!

(축하할 때)

정말 축하드려요! 콩그레츄 내비게이션!

6 댄스 멘트

   댄스 타임이 되면 공연장 분위기는 최고
조에 이른다. 이때 MC는 춤을 시키고 가만
히 보고만 있어서는 안 된다. 함께 분위
기를 느끼면서 멘트로써 관객들에게
웃음을 주어야 한다. 이를 위해서는
작은 부분에도 놓치지 않는 센스가
가장 중요하다. 지금부터 어떤 멘
트로 댄스를 더욱더 빛나게 할
지 배워 보자!

(춤을 잘 추는 사람)

1. (어릴 경우) 혹시 JYP나 YG 연습생이세요?

2. (나이가 많을 경우) 이분, 수원에 있는 관광 나이트에서 뵌 것 같아요!

3. 이분 어디서 뵌 것 같은데…… 혹시 장안동 국빈관에서 봉 잡고 춤추시던 분 아니세요?

4. 이분은 오로지 섹시 댄스만으로 가족들을 먹여 살리신 분입니다. 아이들이 어머니가 오기를 애타게 기다리고 있어요!

5. 이분은 지금 바로 현직 댄서들과 붙어도 모자람이 없어요!

6. 강남의 유명 클럽에 가면 이런 댄스가 무조건 1등인데, 여기서는 웃긴 게 1등입니다.

7. 이 정도 실력이면 〈댄싱 위드 더 스타〉 나가시면 무조건 1등입니다.

8. 댄스가 4D 영화처럼 다가오네요. 생동감이 넘칩니다.

9. 이런 댄스를 유튜브에 올리면 기본 100만 뷰 나옵니다.

(댄스를 자꾸 안 하려고 하는 사람에게)

1. 엉덩이 세 바퀴만 돌리시고 나서 관객들에게 미소 쏴 주세요.

2. 딱 5초만 보여 주세요.

3. 혼자는 쑥스러우시죠? (마이크를 앞에 놓고) 남자친구(혹은 여자친구)라고 생각하시고 화끈하게 한번 보여 주세요.

4. 제가 댄스 가르쳐 드릴게요. 박수 세 번 치시고 세 바퀴 돌고 세 번 앉았다 일어났다 하시면 됩니다. (옆에서 같이해 준다.) 오늘은 여기까지이고 내일 댄스 레슨 있으니까 꼭 오세요. 가능성이 보여요!

5. 여기에 다섯 분이 계신데 가장 마지막에 나오시는 분은 10분 동안 혼자 이 자리에서 댄스 공연을 하게 됩니다.

(커플 댄스 유도)

사랑을 많이 한 사람은 실수도 많이 저지릅니다. 그러나 가장 큰 실수는 한 번도 사랑하지 않는 것입니다. 미리 앞서서 겁을 내기보다는 마음껏 사랑하고 마음껏 표현해야 합니다. 그런 의미에서 지금 남자친구분께서 여자친구에 대한 사랑을 몸으로 마음껏 보여 주세요!

(댄스경연대회를 시작하기 전에)

1. 벤저민 프랭클린의 명언 중에 이런 말이 있죠? "말은 나뭇잎과 같다." 나뭇잎이 무성할 때는 과실이 적다. 말보다 행동! 댄스로 가겠습니다.
2. 남자분들 중에 옷 벗으시는 분이 있으시면 저기 기둥에 묶어 버리겠습니다.
3. 방송윤리심의위원회 규정을 준수하지 않겠습니다. 그냥 마음껏 추시면 됩니다.
4. 제2의 언어 댄스로 보도록 하겠습니다.
5. 행위예술 같으면서도 또 약간은 모자라게 댄스를 추시면 무조건 1등입니다.

(촌스러운 춤을 출 때)

1. 이 춤은 시골에서 농번기 끝나고 스트레스를 날리려고 추는 춤인데요.
2. 이 춤은 농번기 끝나고 경운기 위에서 추는 춤이죠.
3. 이 춤은 옆집 할아버지가 산 정상에서 막걸리 드시고 추는 춤인데요.

(춤을 못 추는 사람)

1. 혹시 나이트에 가 보셨어요?

2. 댄스가 무슨 뜻인지는 아세요?

3. 제가 봤던 댄스 중의 최고의 댄스였습니다.

4. 인간문화제 공옥진 여사 이후에 이런 댄스는 처음입니다.

5. 몸을 전혀 움직이지 않고 이런 감동을 줄 수 있는 사람은 당신이 최초일 겁니다.

6. 음악 꺼, 음악 꺼! 전기세 아까워~

7. 댄스가 너무 흑백TV 같아요. 하나도 생동감이 없어요!

8. 저랑 약속 하나 해요. 어디 가서 춤추지 않기.

(팝핀 댄스나 웨이브 댄스를 출 때)

1. 물리 치료실의 한 장면을 보고 계십니다.

2. 척추 교정 중입니다. 좀 오래 걸릴 것 같아요. 심하게 다치신 것 같은데……

3. 재활의 아픔을 온몸으로 표현하고 있으십니다.

4. 이런 분들은 댄스를 하시는 게 아닙니다. 예술이죠! 행위 예술가!

5. 이런 분들은 엑스레이를 찍으면 뼈가 없을 수도 있겠다 하는 생각이 듭니다.

(MC에게 다가올 때)

1. 어머, 저 그럼 남자 아니에요.

2. 저, 사귀는 남자친구 있습니다.

3. 나무아미타불 관세음보살

4. 주여, 우리의 죄를 사하여 주소서!

5. 행동: 함께 신들린 듯 춤춘다.

(웃기게 춤출 때)

1. 이분이 추신 춤을 유튜브를 통해 전 세계인들이 볼 수 있도록 할 예정입니다.

2. 길거리에서 이분을 보면 춤출 때 이런 분이라는 생각을 할까요?

3. 비 오는 날 전기에 감전된 모습을 보고 계십니다.

4. 정말 발랄하게 춤을 추셨습니다. 발랄과 발광의 차이가 뭔지 아세요? 습자지 한 장 차이입니다. 그만큼 비슷하다는 거죠!

5. 불경기로 인한 고통을 온몸으로 표현하신 것 같습니다

6. 이런 춤을 추는 것은 왕따로 가는 지름길입니다.

7. 정신병동의 한 장면을 보고 계십니다.

8. 보통 이런 댄스를 보면 대개 재미있거나 웃긴데 이분은 왠지 불쌍하고 연민의 정 같은 것이 느껴지네요!

9. 광우병 걸린 소의 몸부림과 싱크로율이 80% 이상이네요.

(중독성 있는 댄스)

이분 댄스 괜찮은데요. 이분 댄스 간단히 배워 보겠습니다.

(댄스 대회 등수를 발표하기 전에)

이분들 모두 춤을 잘 추셨는데요. 점수 확인하겠습니다. 전광판을 봐 주세요. (다 뒤를 보면) 너무 순진하신 분들이 많으시네요. 근데 이렇게 순진하신 분들 때문에 국가경쟁력이 향상되는 거예요. 시키는 대로 묵묵히 잘 하시잖아요.

(댄스 심사 기준을 정할 때)

심사 기준을 정하겠습니다. 테크노가 좋다, 박수! 힙합이 좋다, 박수! 브레이크가 좋다, 박수! 변태 댄스가 좋다, 박수!

＊ 처음에는 박수가 작게 나오게 하다가 마지막에 터트려 주는 것이 포인트이다.

(키가 작은 사람이 브레이크 댄스를 출 때)

백설공주의 일곱 난쟁이 중 한 분이 브레이크 댄스를 추는 것 같습니다.

(이상하게 춤추는 사람이 있을 때)

(음악을 바로 끄고 뉴스 기자처럼 달려가서) 여기에 나오신 이유는요? 개인적인 원한 때문입니까?

(관광버스 춤)

주로 40대에서 60대 사이에 분들이 많이 추시는 춤인데, 40년 추면 인간문화재로 등록됩니다.

(댄스 대회 참가자 소개)

이분은 재작년 세계 댄스 경연대회 나가서서 당당하게 예선 탈락하신 분입니다.

(뚱뚱한 사람에게)

이야~ 춤추시니까 한 20kg은 빠지신 것 같아요.

(춤을 야하게 추는 사람)

이분과 연락하고 지내고 싶은 분은 '에로코리아.co.kr'로 연락 주세요!

(계속 똑같은 춤만 출 때)

왜 이렇게 준비운동을 많이 하세요?

(치마를 입고 춤을 추는 사람에게)

지금 뒤돌려 차기 한번 하시면 바로 1등 하실 겁니다.

(떨기 춤을 출 때)

사지 바이브레이션 들어갑니다.

건배사 10계명

1. 너무 신경 쓰지 말고 적당히 편안하게 만들어라.

2. 건배사는 짧고 강력하게 하는 것이 좋다.

3. 자신감 있게, 실수는 아무도 기억 못 하니까 걱정은 저 멀리하라.

4. 얼굴에는 미소를 띠어라.

5. 너무 빨리하려고 하지 마라.

6. 간단한 덕담이 들어가면 좋다.

7. 마지막 사람이 잔을 비우는 타이밍에 다 같이 박수를 치도록 유도하라.

8. 유머가 있는 건배사가 좋다.

9. 모임의 취지에 어울리는 건배 제의면 더 좋다.

10. 구호는 크게 하는 것이 좋다.

건배 제의의 방법

1. 건배 제의를 받은 사람은 함께하는 사람들의 잔을 채우게 한다.
2. 건배 제의에 대한 감사의 인사말을 전한다.
3. 모임의 성격에 맞는 짧고 간결한 건배사를 먼저 한 후 모임의 취지와 관련한 멘트를 한다.
4. 건배사 구호 선창을 한다.
5. 건배 제의자의 선창에 따라 구호를 외친 후 잔을 비운다.
6. 마신 다음에는 박수를 유도한다.

건배 제의의 머리말

오늘 이 자리를 축하하기 위하여, 모두가 함께 한 자리에 모이게 되어 참으로 기쁘게 생각합니다. 모임 참석자에 대해 거론하면서 감사의 인사를 전하며, 모임 참석자 중 가장 어른을 먼저 거론하면서 존경을 표한다. 나머지 사람들에 대해서도 짧지만 구체적으로 이야기를 해 주면 좋다. 모임의 방향이나 앞으로의 계획과 관련하여 이야기를 하면 좋다.

위하여, 삼행시, 스토리, 3가지 건배사 스타일

건배사는 총 3가지 스타일로 구분할 수 있다. 첫 번째로 가장 많이 하는 '위하여' 스타일. 두 번째로 독특한 '삼행시' 스타일. 세 번째로 '감동의 스토리' 스타일이다. '위하여' 건배사는 많은 사람들에게 가장 익숙한 스타일이다. '위하여'로 건배사를 할 때에는 3번 외치게 해서 차별화하는 것도 분위기를 고조시키는 데 효과적이다. 건배 제의를 하는 호스트의 명확하고 힘찬 음성 조절임을 기억하는 것이 좋다.

건배사를 할 때 가장 중요한 것은 타이밍

건배사를 할 때 또 하나 중요한 것이 바로 타이밍이다. 술잔을 모두 들게 한 후에 건배사를 너무 길게 하는 경우가 있는데 가장 피해야 할 부분이다. 그러니 건배사의 의미가 있다면 먼저 충분히 설명하고 난 후에 잔을 다함께 들어 건배하는 타이밍을 호스트가 확실하게 알려 주는 것이 필요하다. 직장인들에게 회사 모임에서 가장 스트레스받는 순간 중 하나가 바로 어떻게 보면 건배사일 수 있다.

자신을 닮은 건배사

최근 직장인들 사이에서 회식의 분위기보다는 직원들의 기분이 더 중요하다는 이유에서 건배사 강요는 없어야 한다는 목소리도 커지고 있는 추세다. 그렇기 때문에 건배사를 억지로 강요하고 강요받는 문화는 사라지기 바란다. 모임에 모인 사람들이 유쾌하게 즐길 수 있는 범위 안에서 건배사를 즐기자. 건배사 스트레스가 있지만 건배사를 꼭 해야 하는 입장에 있는 분들이라면 화려하지 않더라도 진심을 담은 건배사라면 충분하다. 그리고 또 한 가지 기억할 점이 있다면, 유행하는 건배사보다는 나만의 건배사가 최고라는 점이다.

자신만의 이야기가 있는 진정성 있는 건배사

연말 모임에서 이렇게 마음을 울리고 기억에 남는 멋진 건배사를 하고 싶은 것은 누구나의 욕심이다. 하지만 이런 욕심이 지나치면 건배사가 산으로 가고 만다. 강박관념이 묻어 있는 화려한 건배사나 스마트폰 어플에서 인기 있고 누구나 다 아는 건배사도 나쁘지는 않다. 하지만 다소 투박하더라도 상황에 어울리는 Only one 유니크한 건배사나 자신만의 이야기가 담긴 건배사는 특별하다. 그리고 거기에 진심까지 묻어나는 건배사라면 사람들의 마음을 움직이는 멋진 건배사가 될 것이다. 올해는 자신만의 건배사로 연말을 멋지게 마무리해 보면 어떨까?

재치 있는 삼행시·약자 건배사

약자·삼행시 스타일은 요즘 대세를 이루는 건배 스타일이다. 평소에 좋아하는 단어 혹은 단체를 상징하는 단어를 사용하여 하고 싶었던 말을 삼행시로 만들어 보면 어떨까? 조금만 시간을 투자한다면 부담 없고 지루하지도 않은 건배사로 센스쟁이가 될 수 있다.

너나잘해: 너와 나의 잘 나가는 새해를 위해

사이다: 사랑합니다 이 마음 다해서

해당화: 해가 갈수록 당당하고 화려하게

멘붕: 멘(맨)날 붕붕 뜹시다

스토리가 담긴 깊지만 짧은 건배사

이 스타일은 약간의 말재주가 있으신 분들이나 모임의 리더분들께 추천하고 싶다. 회식 분위기에 맞는 교훈적인 말이나 하고 싶었던 말을 짧으면서도 재치 있게 표현하는 방법이다. 예를 들자면 유명한 산악인인 엄홍길 대장은 늘 '도전, 영원히!'라는 건배사를 외친다고 하는데, 이번 송년회에서 여러분들도 짧은 건배사에 센스를 더해 인기쟁이 리더가 되어 보는 것은 어떨까?

품격 있는 사자성어·명언 건배사

상황이나 모임의 성격에 맞는 사자성어나 명언을 이용하는 것도 좋다. 조금은 딱딱해 보일 수도 있지만 짧은 시간 안에 강력한 메시지를 전달하는 데는 아주 좋은 도구가 될 수 있기 때문이다.

사자성어 예시

택중유화: 화합하는 가운데 변화와 혁신을 만들자

이환위리: 고난과 위기를 오히려 기회로 만들어 가자

유지경성: 뜻이 있다면 기필코 이룰 수 있다

속담 예시

백지장도 맞들면 낫다

종이도 네 귀를 들어야 바르다

숯불도 한 덩이는 쉬 꺼진다

열의 한술 밥이 한 그릇 푼푼하다

명언 예시

단결은 힘이다. - 호메로스

벌들은 협동하지 않고는 아무것도 얻지 못한다. 사람도 마찬가지다. - E. 허버드

기타 예시

카르페디엠: 현재를 즐기며 살자

스페로스페라: 숨을 쉬는 한 희망은 있다

하쿠나마타타: 괜찮아, 걱정하지 마

건배사를 선창하고 후창하기(먼저 말하고, 뒤에 따라 하기)

이는 술자리나 송년회 자리에서 선임이나, 분위기를 띄울 사람이 선창을 먼저 하면, 나머지 분들이 후창을 따라 하는 방식이다. 보통 대표님들이나, 과장직, 팀의 리더분들이 많이 사용한다. 알아 두면 좋다. 힘찬 목소리로 따라 한다면 더 좋아할 부분이 아닐까 싶다.

1. 우리는/ 하나다

   함께 가면/ 멀리 간다

2. 사화/ 만사성

   회사가 잘되어야/ 모든 일이 잘 풀린다

3. 술잔은/ 비우고,

   마음은/ 채우고,

   전통은/ 세우자

4. 선배는/ 끌어 주고

   후배는/ 밀어주고

   스트레스는/ 날리고

5. 일취월장/ 승승장구

6. 고객의 마음을/ 훔치자(3창)

센스 있는 건배사 모음

이번에는 센스 있는 건배사에 대해서 이야기를 해 보자. 여러 개 알아 두고 있으면 나중에 써먹을 일이 있을 것이다. 꼭 송년회가 아니어도, 회식이나 연말모임 때라도 말이다. 아니면 주변 지인들에게 알려 주어도 사랑받지 않을까 생각한다. 개인적으로 재미도 있지만 의미도 있는 것들이 많아서 써먹기 좋을 것이라 생각한다.

재건축

재미있고

건강하게

축복하며 살자

마당발

마주 앉은

당신의

발전을 위하여

어머나

어디든

머문 곳에는

나만의 발자취를(추억을) 남기자

주전자

주인답게 살고

전문성을 갖추고 살고

자신감을 가지고 살자

마무리용 건배사

즐거운 술자리가 끝나고, 마무리를 할 차례다. 마무리 할 때도 건배사가 빠지면 섭섭할 것이다. 그래서 이때 사용하는 것이다. 보통 처음에는 신입 사원이나 막내들을 시키기도 하고, 마무리할 때도 마찬가지로 시킬 때가 많으니 끝까지 방심하지 말고 알아 두면 더 좋을 듯하다. 개인적으로도 재미가 있기 때문에 알아 두면 좋을 것이다.

마무리
마음먹은 대로
무슨 일이든
리(이)루자

단무지
단순
무식하게
지금부터 즐기자

초가집
초지일관
가자
집으로! 2차는 없다

인싸 되는 삼행시 건배사

오마이갓
오늘은
마시더라도

이해해 주세요

주님

아이유

아름다운

이 세상

유감없이 살다 가자

마돈나

마시고

돈 내고

나가자

모바일

모든 일이

바라는 대로

일어나라

강남스타일

강인하고

남 배려 잘하고

스마트하고

타의 모범이 되는

일꾼, 바로 여러분

박보검

박수를

보냅니다 올 한 해

검(겁)나게 수고한 당신들에게

마취제

힘든 세상 마시고

취하는 게

제일이다

MC를 하면서 가장 기분 좋은 순간은 행사가 끝나고 마지막에 박수와 함성이 크게 나올 때이다. 진심으로 우러나오는 박수와 함성은 웃기기만 한다고 나오는 것이 아니다. 진심으로 감동했을 때 비로소 진심 어린 박수와 함성이 나오는 것이다. MC 유성의 엔딩 멘트만 익힌다면 누구나 관객들로부터 진심 어린 박수와 환호를 받을 수 있을 것이다.

- 엔딩 ★★★★★

(대학 OT 혹은 신입 사원 연수)

새 신발을 신을 때 발뒤꿈치가 아픈 것처럼, 시작에는 언제나 고통이 따릅니다. 하지만 그 고통을 이겨 내야만 비로소 자신의 신발이 됩니다. 조금 힘들다고 해서 포기하기보다는 끝까지 최선을 다해 달려 나가시기 바랍니다.

- 엔딩 ★★★★★

(체육대회 혹은 운동경기 엔딩)

사람들은 항상 일등이 되기를 원합니다. 하지만 세상에서 유일하게 꼴찌가 박수를 받는 운동이 바로 마라톤입니다. 왜 꼴찌가 박수를 받는가? 그것은 인간의 한계를 뛰어넘어야 하는 힘든 경기에 도전했기 때문입니다.

여러분은 지금 인생이라는 마라톤을 하고 있습니다. 꿈을 향해 달려가는 마라톤을 하고 있는 것입니다. 이 마라톤에서 포기하지 않고 끝까지 달려 나가야 합니다. 그러면 세상은 여러분들을 박수로 따뜻하게 맞이할 것입니다. 지금까지 MC ○○○이었습니다.

- 엔딩 ★★★★★

(20대 모임 행사)

"내가 헛되이 보낸 오늘은 어제 죽은 이가 그토록 기다리던 오늘이다."

여러분은 지금 아무리 노력해도 길이 보이지 않을 수도 있습니다. 하지만 계속해서 노력한다면 여러분들도 모르는 사이에 이미 꿈이 이루어져 있을 겁니다. 조금만 더 힘내자는 의미에서 다 같이 파이팅하면서 마무리 짓겠습니다.

- 엔딩 ★★★★★

(돌잔치 엔딩)

천문학자가 별을 보다가 천 년에 한 번씩 두 개의 별들이 사라진다는 것을 알게 되었다고 합니다. 이 두 개의 별은 다시는 찾을 수 없는데, 이유는 이 별들이 땅에 내려와 사람들의 아름다운 두 눈이 되기 때문이라고 합니다. 아름다운 눈으로 세상을 보는 이는 분명 아름다운 사람일 것이고, 세상에 아름다운 빛을 전할 수 있는 사람일 것입니다. 여러분도 이 세상에서 빛을 낼 수 있는 사람이 되기를 바라면서 여기까지 MC ○○○이었습니다.

- 엔딩 ★★★★★

(게임이 끝나고)

챔피언이란 이미 누군가를 이기고 최고가 되어 있는 사람이 아니라 최고가 되기 위해 최선을 다하는 사람이라고 합니다. 지금 이 자리에서 최선을 다한 우리의 모습이 바로 진정한 챔피언의 모습이 아닐까 싶은데요. 이 세상에서 챔피언이 되자는 의미에서 제가 '우리는' 하면 여러분들께서 '챔피언' 하면서 마무리 짓겠습니다.

- 엔딩 ★★★★★

(새해 행사)

연초가 되면 사람들은 다짐을 많이 합니다. 가장 많이 하는 다짐으로는 남자분들은 '담배를 끊겠다', 여자분들은 '올해는 반드시 살을 빼야지'라고 합니다. 하지만 작심삼일이라고 조금만 시간이 지나면 '내일 열심히 해야지' 하고는 미뤄 버립니다. 말도 안 되는 소리입니다. 저도 '제대하면 열심히 살아야지!' 다짐을 하고 일찍 일어나서 어머님께 말씀을 드렸습니다. "엄마, 나 이제 아침형 인간으로 살려고!"라고 말씀드렸더니 "헛소리 말고 그냥 인간이나 돼라!" 이러시더라고요. 하지만 제대한 지 3년이 지난 지금도 쭉 아침형 인간으로 살고 있습니다. 물론 아직 인간은 안 되었지만…… 여러분들도 마음을 다잡고 이번 연도에는 다짐하신 일들 꼭 이루시기 바랍니다.

- 엔딩 ★★★★★

(청소년 행사)

가장 빛나는 별은 아직 발견되지 않은 별이고, 당신 인생 최고의 날은 아직 알지 못하는 여러분들의 미래입니다. 여러분들의 밝은 미래를 위해 '파이팅'하겠습니다.

- 엔딩 ★★★★★

(커플 행사)

사랑에 빠지면 눈이 먼다고 합니다. 하지만 반대로 사랑에 빠지면 시력이 매우 좋아진다고 하는 사람도 있습니다. 평소에는 잘 보이지 않던 사물들이 눈에 띄기 시작하기 때문이죠. 이른 봄에 피어나는 꽃들이 이렇게 키가 작았었나, 여름날 밤하늘에 이토록 별이 많았었나, 떨어져 뒹구는 나뭇잎들이 이토록 고운 빛깔이었나, 한겨울 가로등 불빛이 이렇게 따스한 주황빛이었나 하고요. 이렇게 평소에는 그냥 지나쳤던 것들에 대해서 알아가고 그 속에서 새로움을 발견합니다. 아름다운 것을 보면서 세상을 아름답게 살아가고 싶으신 분들은 지금 사랑에 빠져 보시기 바랍니다. 마땅한 대상이 없으면 저를 선택하셔도 됩니다. 사랑하세요!

- 엔딩 ★★★★★

물이 수증기가 되려면 끓는점이 100도가 되어야 합니다. 0도건 99도건 끓지 않는 것은 마찬가지입니다. 그 차이가 자그마치 99도나 되면서도 말입니다. 수증기가 공중으로 자유로이 날아오르려면 끓는점이 100도를 넘어서야 합니다.

99도에서 100도까지의 차이는 불과 1도입니다. 여러분들은 99도까지 올라가고도 1을 더하지 못해 포기한 일은 없으신지요? 무슨 일이든 끈기와 용기 그리고 자신감을 가지고 끝까지 최선을 다한다면 이루지 못할 일은 없을 것입니다.

노력 끝에 기쁨이 오고 그 기쁨의 열매는 자신을 밝혀 주며, 인생에 있어서 가장 밝은 빛이 되어 줍니다. 언젠가 다시 그보다 더한 어려움이 닥칠 때 지난 노력의 열매들은 자신감이 되어 주고 어려움을 풀어 나갈 수 있는 희망의 열쇠가 됩니다. 그렇기 때문에 언제든 자신을 밝힐 수 있도록 노력해야 할 것입니다. 감사합니다.

- 엔딩 ★★★★★

50년 뒤에 과거를 돌아보았을 때 후회하지 않는 인생을 살기 위해 가장 중요한 3가지가 있다고 합니다. 먼저 우정입니다. 진정한 사랑은 우정이라고 합니다. 지금 자신 앞에 있는 사람과의 우정을 소중히 가꾸어 나가세요. 작은 묘목이 언젠간 아름드리나무가 되어, 작지만 소중한 쉼터가 되어 줄 것입니다.

두 번째로 사랑입니다. 사랑이란 한 개를 주고 다시 한 개를 돌려받는 것이 아닙니다. 아홉 개를 주고도 한 개를 더 주지 못해 안타까워하는 마음이 바로 사랑입니다. 지금 누군가를 사랑하고 있다면 그 사랑을 적극적으로 표현하시기 바랍니다. 일생에 한 번쯤은 가슴이 터질 것 같은 정열과 칼 위를 걷는 듯한 긴장감 그리고 하늘과 맞서는 정직한 심정으로 사랑을 고백해 보시기 바랍니다. 3번째 가장 중요한 것은 꿈입니다. 영국의 수상 처칠은 옥스퍼드대학 졸업식 축사로 단 두 문장만 이야기했습니다. "포기하지 마라, 절대로 포기하지 마라!" 우정과 사랑을 포기하지 않고 꿈을 향해 달려간다면 자신의 인생을 돌아봤을 때 후회 없는 인생이 되실 거라고 확신합니다.

- 엔딩 ★★★★★

돈으로 스키니 진은 살 수 있지만 청춘은 살 수 없습니다.

돈으로 노랑머리를 할 수는 있지만 청춘은 살 수 없습니다.

돈으로 귀를 뚫을 수는 있지만 청춘은 살 수 없습니다.

돈으로 비아그라는 살 수 있지만 청춘은 살 수 없습니다.

청춘은 인생에 있어서 가장 아름다운 시절이자 사랑의 시절이며 무한한 가능성이 시작되는 지점입니다. 청춘일 때 무엇이든 마음껏 표현하고 사랑하고 도전하십시오. 그리고 꿈을 가지십시오. 청춘은 꿈을 가질 때 더욱 빛이 나는 것입니다.

- 엔딩 ★★★★★

승자는 실수했을 때 "내가 잘못했다."라고 말합니다. 그러나 패자는 "너 때문에 이렇게 되었다."라고 말합니다. 승자는 눈을 밟아서 새로 길을 내지만 패자는 눈이 녹기만을 기다립니다. 승자는 달리는 도중에 이미 행복하지만 패자는 경주가 끝나 봐야 행복이 결정됩니다.

승자는 강한 자에게 강하고 약한 자에게 약하지만 패자는 강한 자에게 약하고 약한 자에게 강합니다. 여러분들은 승자입니까? 패자입니까? 저는 패자입니다. 하지만 승자가 되기 위해서 노력할 것입니다. 여러분들도 함께하지 않겠습니까?

- 엔딩 ★★★★★

사랑하는 마음이나 눈빛만을 전해 주는 것보다 누군가의 손을 붙잡고 "복 받으세요!" 하고 인사라도 나눌 수 있다면 세상은 조금 더 살 만한 곳이 될 것입니다. 그런 의미에서 서로 인사하면서 마무리 짓도록 하겠습니다.

- 엔딩 ★★★★

세상에 모든 물은 위에서 아래로 흐르죠? 하지만 단 하나! 아래에서 위로 흐르는 물이 있는데요. 그것은 바로 가슴에서 생겨 눈으로 흘러나오는 눈물입니다. 하지만 이 눈물은 겉보기엔 같아 보여도 교감신경의 흥분 정도에 따라 화나고 분할 때 흘리는 눈물이 기쁠 때 흘리는 눈물보다 나트륨 함량이 많아서 더 짜다고 하는데요. 여러분 모두 올해는 짜지 않은 싱거운 눈물만 흘리시길 바랍니다. 지금까지 MC ○○○이었습니다. 감사합니다.

- 엔딩 ★★★★

"지면 어떻게 하지?"라고 말하는 순간 당신은 이미 진 것입니다. 진다는 생각을 하지 마십시오! 늘 이긴다는 생각만 하시기 바랍니다. 여러분들 모두 인생의 승리자가 되길 바라면서 저는 이만 물러가겠습니다. 감사합니다.

- 엔딩 ★★★★

피겨 여왕 김연아의 롤모델은 바로 미셸 콴 선수라고 합니다! 이 선수는 어떤 대회에 나가도 금메달을 따는 명실상부 세계 최고의 피겨 스케이트 선수인데요. 1996년, 1998년 동계올림픽에서 금메달을 땄고, 나가노 동계올림픽에서는 아깝게 은메달에 그쳤습니다. 그리고 인터뷰가 진행될 때 이렇게 말했다. "나는 금메달을 놓치지 않았다. 은메달을 땄다."

그리고 나서 미셸 콴은 2000년, 2001년, 2003년 이렇게 3년 연속 세계 피겨 스케이팅 챔피언십 금메달을 땄습니다.

우리는 간혹 기대치에 미치지 못하는 결과를 얻으면 완전히 낙심하기도 하지만 늘 긍정적인 마인드를 가지면 못할 일이 없습니다. 여러분들도 늘 긍정적인 마음가짐을 유지하면서 살아간다면 반드시 원하는 결과를 얻을 수 있을 것입니다.

- 엔딩 ★★★★

내일이면 장님이 될 것처럼 밤하늘의 별을 열심히 바라보세요. 내일이면 귀머거리가 될 것처럼 새소리를 들어 보세요. 내일이면 냄새를 느끼지 못할 것처럼 꽃향기를 마음껏 맡아 보세요. 내일이면 맛을 느끼지 못할 것처럼 포도주의 맛도 음미해 보세요. 마지막으로 내일이면 사랑하는 사람을 만나지 못할 것처럼 꼭 안아 주세요.

내일이 마지막인 것처럼 최선을 다해 열심히 살아간다면 후회하지 않는 삶이 될 것입니다.

- 엔딩 ★★★★

여기 계신 모든 분들의 만남이, 아침 한때 마주치는 풀잎과 이슬의 만남이 아니라 서로에게 도움을 주는 꽃과 나비의 만남이 되었으면 좋겠습니다.

- 엔딩 ★★★★

"삶은 99% 두려움과 1%의 희망이다."라는 말이 있습니다. 우리는 1% 희망을 믿고 두려움의 커튼을 조금씩 걷어 내면서 희망에 다가가기 위해서 노력하고 있습니다. 지금 미래가 많이 두려우시다면, 1%의 희망을 원하신다면, 포기하지 말고 끝까지 걸어가시기 바랍니다. 여러분들에게는 99%의 두려움을 이길 수 있는 1%의 희망이 있습니다. 이 1%의 희망을 믿고 바라는 꿈을 향해 꾸준히 달려 나가시기 바랍니다.

- 엔딩 ★★★★

"향나무는 자기를 찍는 도끼날에도 향을 묻힌다."라는 말이 있습니다. 자신을 괴롭히고 아프게 하고 몸과 마음에 생채기를 준 도끼를 미워하거나 원망하지 않고 오히려 향까지 나누어 주는 향나무, 그런 향나무 같은 삶을 살 수 있다면 자신뿐만 아니라 모두가 행복할 수 있을 것입니다. 우리 모두가 서로에게 향나무 같은 존재가 되기를 바라면서 지금까지 MC ○○○이었습니다.

- 엔딩 ★★★

일생에 단 한 번 아름다운 소리로 울기 위해 가장 길고 날카로운 가시에 스스로 찔려 죽음을 택한다는 가시나무새가 있습니다. 살아간다는 것보다 소중한 것은 바로 꿈입니다. 이 가시나무새처럼 꿈을 이루기 위해서 죽음을 바친다는 마음으로 달려가시면 꼭 이루실 수 있을 것입니다.

- 엔딩 ★★★

(청소년 행사)

여러분이 꿈을 이루기 힘들다고 포기하지 마십시오. 하나의 작은 꽃을 피우는 데도 오랜 세월의 노력이 필요한 법입니다. 노력하십시오! 노력하면 여러분들의 꿈은 이루어집니다. 우리의 꿈이 이루어지기를 바라면서 마무리 짓겠습니다.

- 엔딩 ★★★

세상에서 가장 중요한 금이 무엇인지 아십니까? 황금? 소금? 아닙니다! 바로 '지금'입니다. 다음으로 미루지 말고 '지금 이 순간' 도전하기 바랍니다.

- 엔딩 ★★★

(30~40대 남자)

책을 보니까 이런 문구가 나오더라고요. 할 수 있는 것을 바로 하는 용기를 가져라! 피아노 치고 싶으세요? 치세요! 데이트하고 싶으세요? 하세요! 그녀의 연락처가 궁금하세요? 다가가서 연락처를 받으세요! 이혼하고 싶으세요? 이런 건 안 됩니다. 아무튼 '오늘만큼을 바로 할 수 있다!'라는 마음가짐으로 마음의 문을 여시고 용기 있게 시도하다 보면 언젠가는 꼭 여러분들이 원하시는 것을 이루실 수 있을 것입니다.

- 엔딩 ★★★

(40대 이상 모임 행사)

인생에는 전반전과 후반전이 있습니다. 전반전에 아무리 잘해도 후반전을 잘 해내지 못하면 인생이라는 게임에서 승리하지 못합니다. 이제 후반전의 시작입니다. 지금까지 잘해 오셨으니까 후반전 역시도 잘 해내시리라 믿습니다. 남은 후반전의 승리를 위해 파이팅을 외치면서 마무리 짓겠습니다.

- 엔딩 ★★★

(친구들과의 행사)

포장마차에서 흔히들 "아줌마 여기 마지막으로 소주 한 병만 더 주세요!" 하고 몇 병 더 마시지 않습니까? 오늘 이 자리도 포장마차의 소주처럼 끊이지 않는 만남이 될 것 같습니다. 여러분 모두 2차 가세요! 감사합니다.

- 엔딩 ★★★

(송년회)

희망을 가지고 일을 시작하는 것은 쉽습니다. 그러나 그것을 마무리하는 데는 용기가 필요합니다. 보통 연초가 되면 많은 일들을 계획하고 그것을 이루기 위해 노력합니다. 하지만 연말이 되면 '그래, 내년에 하면 되지!'라고 생각해 버립니다. 여러분, 아직 늦지 않았습니다. 지금이라도 연초에 시작한 일들 처음의 열정으로 마무리 잘하시기 바랍니다.

- 엔딩 ★★★

(커플 행사)

행복에 있어서 가장 큰 장애물은 너무 큰 행복을 기대하는 것입니다. 사랑에 있어서 가장 큰 장애물은 너무 큰 사랑을 기대하는 마음입니다. 지금부터는 작은 행복, 작은 사랑에도 크게 기뻐할 수 있는 여러분들이 되시기 바랍니다. 감사합니다.

- 엔딩 ★★★

(커플 행사)

"말이 씨가 된다."라는 말 많이 들어 보셨을 거예요. 말은 곧 행동으로 이어집니다. 사랑을 하고 싶다면 말부터 시작하세요! 사랑하고 싶다고, 사랑할 거라고, 사랑한다고…… 조그만 소리라도 혼자서 속삭여 보세요. 매일 매일 그렇게 시간을 지내다보면 어느 날 당신 옆에 있는 사람에게도 사랑을 속삭이게 될 테니까요. 저기 저분은 지금부터 시작하시네요. 무당 주술 외듯이. 저 역시 여러분에게 언제나 사랑을 속삭여 드리겠습니다. MC ○○○이었습니다.

- 엔딩 ★★★

(힘든 게임 후에)

고난은 사람을 힘들게 하지만 더 강하게 만들어 주기도 합니다. 여러분 역시 인생에서 가시덩굴이 나왔을 때 포기하기보다는 가시덩굴을 헤쳐 나아가면서 전보다 더 강하고 씩씩한 사람이 되기를 바랍니다. 지금까지 MC ○○○이었습니다.

- 엔딩 ★★★

행복에 있어서 가장 큰 장애물은 너무 큰 행복을 바라는 것입니다. 작은 행복에도 기뻐할 수 있어야 진정으로 행복해질 수 있습니다.

저와 함께한 이 시간 작은 행복을 느끼셨다면 박수 부탁드립니다. 저는 여러분들의 박수 덕분에 너무 큰 행복을 가지고 갑니다. 감사드립니다. 남은 시간도 즐겁게 보내시기를 바랍니다.

- 엔딩 ★★★

성공학 대가 지그 지글러는 자신의 성공 비결을 다음 한 문장으로 정리했습니다. "원하는 것을 가질 수 있도록 타인을 도와주면 원하는 것을 무엇이든 누리며 살 수 있습니다." 친절, 사랑, 감사, 칭찬은 퍼 줄수록 넘쳐 나는 성공의 묘약입니다.

오늘 마지막은 '사랑합니다', '감사합니다'라고 옆 사람과 인사하면서 마무리하도록 하겠습니다.

- 엔딩 ★★

(대학 행사)

젊음의 기운과 뜨거운 열정으로 무장한 청춘들이여! 앞으로 힘차게 전진하시기 바랍니다. 젊음이여, 영원하라!

좋은 명언 한마디는 사람의 인생이 바꾼다.

당신의 멘트로 모두에게 감동과 깨달음을 주자!

1. 커피 원두는 충분히 볶지 않으면 신맛이 나고 너무 오래 볶으면 탄 맛이 나지. 사람은 볶기 전의 원두 같은 존재야. 저마다의 영혼에 그윽한 향기를 품고 있지만, 그것을 밖으로 끌어내기 위해서는 화학 반응이 필요하지. 그래서 볶는 과정이 필요한 거야. 어울리면서 서로의 향을 발산하는 거지.

                                    - 스탠 톨러, 『행운의 절반 친구』 중에서

2. 최고가 아니면 그 어떤 것도 받아들이지 않을 때 최고를 얻는 경우가 아주 많다.

                                    - 서머셋 모옴

3. 위대한 일은 힘이 아닌 끈기에 의해 이루어진다. 하루에 3시간씩 걷는 사람은 7년이면 지구를 한 바퀴 도는 만큼 걷게 될 것이다!

                                    - 사무엘 존슨

4. 꿈을 이루기 위해 너무 빠르게 달려가고 계십니까? 아니면 그냥 제자리에 서 계십니까? 오늘부터 여러분들의 꿈을 기억하세요! 그리고 매일 그 꿈을 향해서 걸어가시기 바랍니다. 그러면 언젠가는 그 꿈이 당신 눈앞에 와 있을 것입니다.

5. 꿈은 실패했을 때 끝나는 것이 아니라 포기했을 때 끝나는 것입니다. 포기하지 마시고 꿈을 향해서 언제나 달려가시기 바랍니다.

6. '마이클 조던'은 고교 재학 시절 그는 학교 농구팀에서 탈락했고, '비틀즈'는 음반회사로부터 삼류라며 문전 박대를 당했고, '베토벤'은 두 선생으로부터 전혀 자질이 없다는 처참한 말을 들었습니다. 이들의 공통점은 이러한 무시 속에서도 전혀 포기하지 않았다는 것입니다. 누가 뭐라고 해도 흔들리지 않고 자기 자신을 믿고 전진하면 반드시 성공할 수 있습니다. 누가 뭐라 하면 오기를 가져 보세요! 내가 어떤 사람이라는 것을 알고는 그 사람이 나중에 후회할 수 있도록 멋진 모습을 보여 주는 거예요. 꿈을 가졌으면 절대 버리지 마세요. 버릴 꿈이라면 애초에 갖지도 마세요. 꿈은 실패했을 때 끝나는 것이 아니라 포기했을 때 끝나는 것입니다. 꼭 이루고 싶은 꿈이 있다면 반드시 이룰 수 있을 것입니다. 단, 포기하지 않는다면요.

7. 헨리 워즈워스 롱펠로의 명언 중에 "희망이 지는 것은 해가 지는 것과 같다. 곧 빛이 사라지는 것이다."라는 말이 있습니다, 늘 희망을 갖고 꿈을 향해 도전하시면 여러분들 인생에는 따뜻한 햇살만이 비칠 것입니다.

8. 마라톤 선수들은 42,195㎞ 구간 전체를 생각하지 않는다고 합니다. 몇 킬로미터씩 구분해서 그 구간만 염두에 둔다고 합니다. 정해 놓은 구간을 뛰면 또 그 다음 구간을 뛰는 식입니다. 그렇게 구간별로 정해진 목표를 이루다 보면 어느새 42,195㎞를 모두 다 뛰게 되는 것입니다. 에베레스트산에 오르는 것도 한 걸음부터 시작하지 않으면 안 됩니다. 아무리 큰 목표라도 작은 것부터 이뤄 나가면 해내지 못할 것이 없습니다.

- 김영식, 『10미터만 더 뛰어 봐』 중에서

9. 꿈을 실현하는 비결을 알고 있는 사람은 어떤 목표도 달성할 수 있습니다. 그 비결은 호기심, 자신감, 용기, 일관성이며 이 중 가장 중요한 것은 자신감입니다.

- 월트 디즈니

10. 8꿈의 리스트를 만들어라!

- 우주인 이소연

11. 꿈의 뜻을 우리나라 사전에서 찾아보았더니 '자면서 꾸는 것'이라고 단순하게 적혀 있었습니다. 그래서 영어사전을 꺼내 'dream'의 뜻을 찾아보았더니, 몇 개의 뜻 중에서 '이루는 것'이라고 적힌 것인 눈에 띄었습니다. 자면서 꾸는 것과 이루는 것 중 어떤 것이 더 강하게 와닿나요? 우리는 단순히 꿈을 꾸는 것보다는 이루기 위해 꿈을 꿉니다. 그 때문에 후자가 꿈의 의미로 더 적당할 것입니다.

12. 자면서 꾸는 꿈보다 깨어 있을 때 꾸는 꿈이 훨씬 더 달콤합니다. 꿈은

단지 꾸기 위해서 있는 것이 아니라 이루기 위해 있는 것입니다. 때문에 적극적으로 노력하면서 이루려고 한다면 반드시 꿈은 이룰 수 있을 것입니다.

13. 요즘 취미로 등산을 하시는 분들이 많습니다. 제가 아는 분도 등산 마니아인데, 그분은 정말로 등산을 즐기실 줄 아시는 분입니다. 나무에 귀를 대고 물이 올라가는 소리도 들으시고, 나무에 잎도 맞추시면서 등산을 하십니다. 그런데 우리 어머님들, (손을 앞뒤로 하는 시늉, 나무에 등을 치는 시늉) 이러고만 계세요. 사람들은 정상에 올라가기 위해 안간힘을 쓰죠. 하지만 정상이 산의 전부는 아닙니다. 산의 일부일 뿐입니다. 이루고 싶은 꿈을 이루기 위해 노력하는 순간도 꿈을 이루고 있는 것이라고 합니다. 지금 꿈을 위해 열심히 노력하고 있다면 계속 꿈을 이루고 있는 것입니다. 꿈꾸지 마시고 지금 당장이라고 이루시기 바랍니다.

14. 세일즈로 시작해서 최고의 자리까지 오른 엘마 윌러는 이렇게 말했다. "Those who put into their hands in their pocket can't go up the successful ladder." 이것을 직역하면 "양손을 주머니에 넣고서는 성공의 사다리를 오를 수 없다."입니다. 또 의역하면 "노력하지 않는 사람은 성공할 수 없다."입니다. 여러분들은 지금 꿈을 이루기 위해서 노력하고 계십니까? 호랑이는 1번 성공을 위해서 20번 사냥에 나선다고 합니다. 지금 여러분들은 주머니에서 손을 빼시고 꿈을 위해서 목표를 향해서 사다리로 올라가시기 바랍니다.

15. 영원히 살 것처럼 꿈을 꾸고, 내일 죽을 것처럼 오늘을 살아라.

16. 대부분의 사람은 할 수 있는 것을 할 수 없다고 생각합니다. 그것은 할 수 있는 사람과 할 수 없는 사람의 근본적인 차이입니다. 할 수 있다고 믿으면 무엇이든 할 수 있습니다. 지금 이 순간부터 여러분들의 꿈을 향해 당차게 도전하십시오!

17. 시간의 걸음은 세 가지이다. 미래는 머뭇거리며 오고, 현재는 화살처럼 날아가고, 과거는 영원히 정지해 있다.

- 프리드리히 쉴러

18. 항상 지난날을 생각한다면 더 좋은 미래를 가질 수 없다.

- 찰스 F. 케터링

19. 생각을 조심해라, 말이 된다. 말을 조심해라, 행동이 된다. 행동을 조심해라, 습관이 된다. 습관을 조심해라, 운명이 된다. 결국 우리의 운명은 생각대로 됩니다.

1. 가장 조심해야 할 만남은 눈꽃송이 같은 만남이다. 피어 있을 때는 환호하다가 시들면 버리니까…… 가장 아름다운 만남은 손수건과 같은 만남이다. 힘이 들 때는 땀을 닦아 주고, 슬플 때는 눈물을 닦아 주니까.

2. 우리는 한쪽 날개만 가진 천사들이다. 서로를 껴안을 때만 우리는 비로소 하늘 높이 비상할 수 있다.

   - 루치아노 드 크레센조(이탈리아 작가·영화감독)

3. 많은 사람들이 당신과 함께 리무진을 타고 싶어 하지만 당신이 원하는 것은 리무진이 고장 났을 때 함께 버스를 탈 사람이다.

   - 오프라 윈프리

4. 마야 엔젤로의 명언 중에 "한 손으로 손을 씻으려고 하면 힘만 들고 효과

는 없지만, 한 손으로 다른 손을 씻을 때는 효과가 커지고 제대로 손을 씻을 수 있게 된다."라는 말이 있습니다. 이렇듯 서로 도움을 주면서 함께 하시면 우리는 못 할 것이 없습니다.

도전

1. 큰 걸음을 두려워하지 마라. 작은 걸음으로는 바위틈을 건너뛸 수 없다.

- 데이비드 로이드 조지

2. 패배는 일시적인 생태인 경우가 많다. 포기는 그 상태를 영원하게 만든다.

- 메릴건 보스 서벤트

3. 모든 영광은 대담한 시작에서 나온다.

- 유진 F. 웨어

4. 지금 태양을 향해 뛴다면 우리는 태양에 이르지는 못할지라도 최소한 땅
에서는 벗어날 것이다.

- 조라 닐 허스턴

5. 행동 1온스는 이론 1톤의 가치가 있다.

- 프리드리히 엥겔스

6. 자전거를 처음 배울 때를 기억하는가? 많이 넘어지면 넘어질수록 더 빨리 배우고 페달을 구르면 구를수록 더욱 빨리 달릴 수가 있다. 넘어지는 것이 두렵다고 자전거에서 내려오거나 무릎이 아프다고 페달을 멈춘다면 자전거는 달리지 않는다. 절망이 깊을수록 희망의 페달을 더욱 힘차게 밟아야만 한다. 명심해라. 지금 할 일은 한숨을 내쉬는 것이 아니라 희망의 페달을 힘차게 밟는 것이다. 한숨을 내쉴 시간조차 없다. 지금은 페달을 마구 돌려야 하는 순간이다.

- 김현태, 『성공감성사전』 중에서

7. 내 열정과 도전에는 브레이크가 없다.

- 세상에서 가장 값진 일주일에서

8. 호레이스의 명언 중에 "시작이 반이다. 지혜롭게 행동하라. 과감하게 시작하라."라는 말이 있는데요. 지금의 망설이면 여러분들은 한걸음 뒤처지는 것입니다.

9. 벤저민 프랭클린의 명언 중에 "우리들을 망치는 것은 타인의 시선이다."라는 말이 있습니다. 만일 나를 제외한 모든 사람들이 장님이었다면, 나는 좋은 옷, 집도, 가구도 갖고 싶지 않았을 것입니다. 다른 사람의 시선에 구애되지 말고 할 수 있을 만큼 최선을 다하면 됩니다.

10. 천 가지 아이디어 가운데 단 한 가지만 유용한 것으로 판명되어도 나는
    만족한다.

    - 알프레드 노벨

11. 실패의 2가지 이익을 잊지 마라. 첫째로, 실패하면 무엇이 잘못되었는
    지를 배울 수 있다. 둘째로, 실패는 우리에게 새로운 방법을 시도할 기
    회를 준다. 만일 실패했다면 다른 방법을 찾아서 계속 도전해 보기 바
    란다. 그렇게만 한다면 반드시 원하는 바를 이룰 수 있을 것이다.

12. 거리가 얼마나 먼지는 중요하지 않습니다. 첫발을 내딛는 것이 어려울
    뿐입니다.

    - 데팡 후작

13. 당신이 두려워하는 것을 하라. 그러면 두려움이 확실히 사라질 것이다.
    랄프 왈도 에머슨의 명언이죠? 지금 여러분 앞에 있는 두려움은 실제로
    도전하는 순간 아무것도 아닌 것이 됩니다. 그러니 두려워하지 말고 지
    금 도전하십시오.

14. 우리의 인생은 마치 꽃과도 같습니다. 하루아침에 피는 것이 아니라 비
    바람과 곤충들의 공격을 받아들이고 견뎌 내야만 비로소 아름다운 꽃
    망울을 맺을 수 있습니다. 살아가는 동안 비바람이 불고 곤충이 공격해
    와도 절망하지 않고 꾸준히 도전한다면 반드시 성공할 수 있습니다.

15. 나폴레옹은 수필가로 실패했으며, 셰익스피어는 양모 사업가로 실패했

다. 링컨은 상점 경영인으로 실패했고, 그랜트는 제혁업자로 실패했다. 하지만 그들 중 어느 누구도 포기하지 않았다. 그들은 다른 분야로 옮겨서 자신에게 맞는 일을 찾아 노력했고 결과는 우리가 알고 있는 그대로이다.

- 프랭크 미할릭, 『느낌이 있는 이야기』 중에서

16. 배움은 우연히 얻어지는 것이 아니다. 배우기 위해서는 열심히 쫓아다니고 부지런히 참가해야 한다.

- 애비 게일 애덤스

1. "쓰고 있는 열쇠는 항상 빛난다." 프랭클린의 명언이죠? 사용하지 않는 열쇠는 녹슬기 마련이지만 항상 쓰는 열쇠는 반질반질하게 빛나기 마련입니다. 지금 당신은 자신의 능력을 계속 쓰고 계십니까? 아니면 구석에 처박아 두었습니까? 성공적인 삶은 누가 가져다주지 않습니다. 성공은 내 능력으로 이루어 가야 합니다. 성공은 셀프입니다.

2. 애벌레에게는 길 위의 돌 더미나 냇가의 흐르는 물도 모두 시련이지만 나비에게는 이 모든 것이 한낱 구경거리에 지나지 않습니다. 하지만 애벌레가 변하면 나비가 됩니다. 사람도 마찬가지입니다. 더 나은 내가 되기 위해서는 고통이 뒤따르기 마련입니다. 그 고통을 이겨 내면 어느새 멋진 날개로 하늘을 나는 자신의 모습을 발견하게 될 것입니다.

3. 판도라의 상자 맨 밑바닥에 희망이 있었듯이 열심히 성공을 향해서 달려가면 언젠가는 성공이라는 찬란한 빛을 볼 수 있을 것입니다.

4. 지금 눈앞에 고통 때문에 힘들다고 좌절하지 마십시오. 고통스러운 한 번의 경험은 백 번 경고의 가치가 있다고 합니다. 이번의 고통으로 여러분들은 한층 더 성숙하고 성공으로 다가갈 수 있는 최고의 발판이 될 것입니다.

5. 윈스턴 처칠은 성공은 열정을 잃지 않고 실패를 거듭하는 것이라고 말했습니다. 세상에는 실패 없이 위대해진 사람은 아무도 없습니다. 실패를 두려워하는 사람은 실패에 잡아먹히고, 실패를 두려워하지 않는 사람은 실패를 지나칩니다.

6. 성공하지 못했거나 성공의 기미가 보이지 않는 사람들을 보라. 말에 자신이 없고 부정과 비판으로 가득 차 있다. 늘 남 탓만 하고 남을 욕한다. 성공하려면 성공하는 사람들이 말하는 법부터 배워야 한다.

7. 성공은 밥 먹는 것과 같다. 한 숟가락, 두 숟가락 계속해서 먹다 보면 배가 부르다. 한 번에 한 가지 목표를 이뤄 나가면 반드시 성공할 수 있다. 오늘부터 성공의 밥을 한 숟가락씩 퍼서 먹다 보면 어느 순간 성공해 있는 자신을 발견할 수 있을 것이다.

8. 성공한 사람들이 도달해 있는 높은 고지는 단번에 오른 것이 아니다. 경쟁자들이 밤에 잠을 자는 동안 한 발짝 한 발짝 올라온 것이다.

- 헨리 워즈워스 롱펠로

9. 낙화의 끝은 열매의 시작이다.”라는 말이 있다. 가장 힘들고 포기하고 싶

을 때 이미 당신의 인생에 성공이라는 열매가 열리고 있다는 사실을 잊지 말라!

10. 호랑이는 20번 나선 사냥 중에서 19번을 실패한다고 한다. 그러나 호랑이는 1번의 성공을 위해 사냥을 나서기를 쉬지 않는다. 실패가 쌓여야 성공이 이루어지며, 그렇게 이루어진 성공이야말로 값진 것이다. 실패는 할 수 있지만, 포기는 하지 말아야 한다.

11. 생각이 바뀌면 행동이 바뀌고, 행동이 바뀌면 습관이 바뀌고, 습관이 바뀌면 인격이 바뀌고, 인격이 바뀌면 운명이 바뀐다.

12. 눈의 색깔을 바꿀 수 없지만, 눈빛은 바꿀 수 있다. 귀로는 나쁜 소리를 듣지 않을 수는 없지만, 들은 것을 잊어버릴 수는 있다. 입의 크기는 바꿀 수 없지만, 씩씩하게 걸을 수는 있다. 지금 이 순간 운명의 모습을 바꿀 메스를 쥐어라. 불필요한 것들은 모두 잘라 내고 기운과 새로운 삶을 덧붙여라. 그리하면 분명 운명의 주인이 될 것이다!

— 김현태, 『성공감성사전』 중에서

13. 바람은 한 방향으로 불지만 어떤 배는 동쪽으로 향하고 어떤 배는 서쪽으로 향한다. 거대한 바다에서 항해의 방향을 결정짓는 것은 바람의 방향이 아니라 각각의 배에 달려 있는 돛이다.
지금 무엇을 해야 할지 몰라서 바람이 가는 대로 그저 흘러가고 있는가? 이제 성공을 목표로 인생의 돛을 세우자!

1. '이것만은 되었으면 좋겠다!'라고 생각하면 결코 행복해질 수 없습니다. 물론 지금 이 자리에서 마냥 머물러서도 안 됩니다. 하지만 지금 이 자리에 감사하며 살아야 어떤 자리에서도 행복할 수 있고, 또 본인이 원하는 꿈까지 이룰 수 있을 것입니다.

2. 벤저민 프랭클린의 명언 중 "만족은 가난한 사람을 부자로 만들고, 불만은 부자를 가난하게 만든다."라는 말이 있습니다. 여러분들도 돈이나 물질적인 부자가 아니라 마음이 풍족한 진정한 부자가 되시기 바랍니다.

3. 늘 운이 따르지 않는 사람들은 이렇게 이야기합니다. "나는 정말 재수가 없어." 그리고 항상 운이 따르는 사람은 이렇게 이야기합니다. "난 정말 재수가 좋아." 재수 좋은 사람과 재수 없는 사람의 차이는 바로 이것입니다.

4. 학교, 학원, 독서실, 집 하루 15시간을 책상에 앉아 있었습니다. 37권의 문제집을 풀었고, 20권의 연습장을 다 썼습니다. 그리고 대학에 떨어졌습니다. 버렸던 노트를 다시 찾고 상자에 넣어 둔 책을 다시 책장에 꽂으면서 이런 생각을 했습니다. 나는 실패한 것이 아니라 실패에 대처하는 법을 배우고 있다고.

5. 마음은 낙하산과 같아서 열려 있을 때만 작용한다.

- 제임스 듀어 경

6. 헨리 워즈워스 롱펠로의 명언 중에 "승리와 패배는 복잡한 거리의 소란스러움에도 없고 군중들의 외침과 박수 소리에도 없고 우리들 안에 있다."라는 말이 있습니다. 여러분의 인생에서 승리하고 싶다면 마음속으로 승리만을 생각하십시오. 빅뱅 승리 말고요.

7. 한 기자가 링컨에게 물었습니다.
"당신은 어떻게 해서 이렇게 존경받는 사람이 되었습니까? 그 비결이 무엇입니까?" 그러자 링컨은 웃으면 말했다고 합니다.
"그것은 제가 다른 사람들보다 더 많은 실패를 경험했기 때문입니다."
여러분, 실패를 하면 누구나 낙심하기 마련입니다. 중요한 것은 낙심 다음에 오는 절망과 좌절이 아니라 희망으로 받아들이는 용기입니다.

8. 어떤 사람은 장미에 가시가 있다고 투덜거립니다. 하지만 제게는 가시에 장미가 있어서 고맙습니다. 긍정적으로 생각하면 인생이 달라집니다.

9. 링컨의 명언 중에 "마음먹기에 따라 달라지는 것이 행복이다."라는 말이 있습니다. '~만 되면 좋겠다'라고 생각할 때는 행복해질 수 없습니다. 지금 자리에 감사하면서 노력하면 더 높은 자리에 있을 것이고 그렇게 자신의 자리에서 노력하다 보면 성공할 수 있을 것입니다. 어떤 자리에 가서도 행복할 수 있는 사람이 바로 성공한 사람입니다.

10. 어떤 것이 자신의 한계라고 주장하면, 그것은 정말로 자신의 한계가 된다고 합니다. 여러분들에게는 한계가 없습니다. 끊임없이 '난 된다! 난 할 수 있다!'라는 긍정적인 생각으로 꿈을 향해 나아가시기 바랍니다.

11. 당신에게 단점이 있다고 좌절하지 마십시오. 링컨의 명언 중에 "나의 경험으로 볼 때 단점이 없는 사람들은 장점도 거의 없다."라는 말이 있습니다. 고로 단점이 많으면 그만큼 장점도 많다는 것입니다.

12. 한 기자가 에디슨에게 물었습니다. 많은 실패 끝에 전구를 개발하신 소감이 어떠세요? 실패라니요. 나는 절대 실패한 적이 없습니다. 단지 전구를 만들 수 없는 방법 140가지를 발명했을 뿐입니다. 여러분에게 실패란 없습니다. 그저 꿈을 이루기 위한 과정이 있을 뿐입니다.

13. 노(NO)는 거꾸로 쓰면 온(ON)이 되고, '자살'은 거꾸로 하면 '살자'가 된다. 어떤 일이든 반대로 생각할 때 기회가 올 때가 많다.

14. 당신이 인생에서 무엇을 원하든 다른 사람들도 그것을 원할 것이다. 자신이 그것을 얻을 자격이 있다는 생각을 받아들일 수 있을 정도로 자신

에 대한 믿음을 가져라.

- 다이 앤 소여

15. 웃는 얼굴은 좋은 화장일 뿐만 아니라 피가 원활하게 순환되도록 하는 효과가 있다. 웃음은 인생의 약이다.

1. 일을 완수할 생각이 있다면 스스로 하라. 운명의 손에 맡겨두지 마라. 나를 알지 못하는 다른 사람의 손에도 맡겨 두지 마라. 나보다 나를 더 잘 알고 있는 사람은 없다. 심호흡을 하고 계속 나아가라.

   - 아니타 베이커(미국의 그래미 어워드 최우수 여성 R&B 보컬상을 받은 가수)

2. 영국의 총리이자 노벨문학상을 받은 윈스턴 처칠의 명언 중에 "연은 바람을 탈 때가 아니라 바람을 맞을 때 가장 높이 난다."라는 말이 있듯이 여러분들이 가장 힘들고 포기하고 싶을 때가 가장 높이 날 수 있을 때입니다.

3. 그물이든 낚시든 고기를 잡다 보면 잡았다 싶은 고기를 놓칠 때가 있다. 낚시에 걸린 고기를 잡아 올렸는데 바로 눈앞에서 고기가 떨어질 때도 있고, 그물에 걸린 고기를 조심스레 그릇에 담다가 마지막 순간에 손에

서 미끄러지며 물속으로 사라질 때가 있다. 다시 고기를 잡아 보지만 놓친 고기는 자꾸만 생각이 난다. 그리고 생각할 때마다 고기는 본래의 것보다도 더 큰 것으로 생각이 되어 아쉬움도 커진다. 손가락만 한 고기를 놓치면 손바닥만 한 고기를 놓친 것 같고, 손바닥만 한 고기를 놓치면 팔뚝만 한 고기를 놓친 것 같고, 말뚝만 한 고기를 놓치면 아이만 한 고기를 놓친 것 같다. 지난날의 자랑에 빠져 믿음을 지키지 못하는 이들이 있다. 지난날의 화려한 믿음을 떠올리며 자기 자랑에 빠지지만 지난 시간의 믿음을 화려하다고 생각하면 할수록 현재의 믿음은 초라해질 뿐이다. 놓친 고기가 아무리 크면 무엇 하겠는가. 놓친 고기는 내 속을 채워주기는커녕 더욱 허전하게 만들 뿐이다.

- 한희철 목사

4. 실수하고 넘어지면서 가는 것, 그게 바로 삶이다. 오늘 만약 실수를 했다면 그것은 당신이 제대로 살고 있다는 증거이다.

- 권대웅, 『천국에서의 하루』 중에서

5. 성공의 여명이 밝아오기 전 컴컴한 이른 새벽에 실패하는 경우가 많다고 합니다. 여러분, 지금 힘드십니까? 포기하고 싶으십니까? 지금은 여러분 인생의 아침이 다가오고 있는 새벽입니다. 조금만 더 견뎌 내면 이 어둠이 걷히고 밝은 해가 뜰 것입니다.

6. 얼음장 밑에서도 고기는 헤엄을 치고 눈보라 속에서도 매화는 꽃망울을 튼다. 절망 속에서도 끈기를 가지고, 어떤 어려움이 있어도 포기하지 않는다면 이겨 낼 방법이 반드시 떠오를 것입니다.

7. 실패했다고 포기하지 마세요. 낙화의 끝은 열매의 시작입니다.

노력

1. 야구에서는 대타로 뽑힐 기회가 있을 때 자신의 실력을 100% 보여 줘야
   선발 선수로 뛸 수 있습니다. 그런데 이때 가만히 앉아 있던 사람이 안
   타를 칠까요? 아니면 매일 연습하며 미리 준비한 사람이 안타를 칠까요?
   당연히 연습한 사람일 안타를 칩니다. 준비가 되어 있는 사람에게는 언
   제나 기회가 오는 법입니다. 노력하십시오! 당신에게 기회가 찾아올 것
   입니다.

2. 바람을 거슬러 올라가는 연이 더 높이 날듯이 강한 사람은 역경 속에서
   더 빛을 발한다.

3. 누구나 자신의 행운을 만들어 낼 수 있다. 그러니 기회가 다가오면 잡을
   수 있도록 언제나 만반의 준비를 하고 있어라.

- 오프라 윈프리

4. 세계 최고의 경영 컨설턴트 브라이언 트레이시는 "역경은 당신에게 안겨 주는 최고의 선물이다."라고 말했습니다. 여러분들이 겪고 있는 고통을 이겨 내면 앞에는 성공이라는 선물이 여러분을 기다릴 것입니다.

5. 갈 만한 가치가 있는 곳은 지름길이 없다.

- 비버리 힐스

6. 나는 행운에 대해 아무것도 모른다. 행운에 의지한 적이 없었고 행운에 의지하는 사람들이 걱정된다. 내게 행운은 다른 것이다. 그것은 노력이다.

- 루실볼

7. 모든 노력은 씨앗처럼 뿌려지니 자라고 퍼지고 새로워진 씨를 다시 뿌리는구나.

- 토머스 칼라일

8. 매일 맑은 날만 계속된다면 이 세상은 사막이 되었을 것이다. 고난과 시련 뒤의 행복은 사막의 오아시스처럼 값진 것이다. 고난과 시련을 즐겨라! 당신 앞에 지하 3,000m에서 끌어 올린 천연 암반수 같은 오아시스가 나타날 것이다.

9. 인생은 자전거를 타는 것과 같다. 계속 페달을 밟는 한 당신이 넘어질 염려는 없다.

- 클라우드 페퍼

10. 매일 여러분들의 통장에 86,400원이 입금됩니다. 그리고 그 돈은 그날이 지나면 없어진다고 하면 여러분들은 다 쓰고 말겠죠? 우리에겐 매일 86,400초라는 귀한 시간이 있습니다. 그 시간을 어떻게 사용하시겠습니까? 아무 의미 없이 땅에 버리겠습니까? 아니면 자신에게 투자하시겠습니까? 선택은 여러분의 몫입니다.

11. 자신의 한계를 받아들일 때 그 한계를 뛰어넘을 수 있다.

- 브랜든 프랜시스

12. 바쁜 것만으로는 충분하지 않다. 개미도 열심히 일한다. 문제는 무엇에 바쁘냐는 것이다.

- 헨리 데이비드 소로

13. 교육을 받는 인간은 계속 공부하지 않으면 안 된다는 것을 자각하고 있는 사람이다. 예전에는 어느 대학을 졸업했는지, 어디에서 유학했는지가 교육받은 인간의 지표였지만, 현대사회에서 지식은 바로 진부해지고 만다. 지금은 끊임없이 공부하는 사람이 아니면 교육받은 인간이라고 할 수 없다.

- 피터 드러커

사랑

1. 결혼반지는 왜 다른 손가락도 아닌 네 번째 손가락에 낄까요? 손가락을 하나씩 펴 보면 네 번째 손가락만 제대로 펴지지 않습니다. 결국 네 번째 손가락만 홀로서기를 못 한다는 것입니다. 그래서 함께 의지하며 살아 갈 사람을 찾았을 때 네 번째 손가락에 반지를 끼는 것입니다. 완전하기 때문이 아니라 부족하지만 서로 채워 줄 수 있기 때문에 사랑하는 것입니다.

2. 우물이 깊으면 깊을수록 물을 길어 올릴 때 힘이 드는 것처럼 사랑도 깊으면 깊을수록 이별을 길어 올리기가 더 힘이 드는 것 같아요. 그러나 길어 올린 물을 마시듯 이별도 있는 그대로 받아들이고 잊어버린다면 또 다른 샘물을 찾을 수 있을 거예요.

3. 새를 사랑한다는 말은 새장을 마련해 그 새를 붙들어 놓겠다는 뜻이 아니다. 하늘 높이 자유롭게 날려 보내겠다는 뜻이다.

4. 사랑을 시작할 때는 내일만 보이고, 사랑을 하고 있을 때는 오늘도 보이고, 사랑이 끝났을 때는 어제만 보인다.

5. 사랑은 태양과 같다. 어느 한 곳을 특정하게 설정하고 빛을 보내는 것이 아니라 거지에게도 성자에게도 공평하게 빛을 비춘다. 그것이 사랑이다. 그대는 태양이고 사랑은 태양과 같은 것이다.

6. 사랑의 고백은 누구에게나 하는 것이 아니다. 일 년에 한 번씩 하는 것도 아니다. 일생을 통해 단 한 번도 못 해 볼 수도 있다. 사랑하는 감정을 고백할 수 있는 것은 행운 중의 행운이다. 일생에 단 한 번이라도 열병을 앓듯 가슴 치미는 사랑에 못 이겨 무릎 꿇으며 고백하는 것은 인생에 무지개 하나 걸어 두는 일이다. 사랑은 고백해야 한다. 고백했다는 사실 그 하나로 사랑의 실천은 이미 시작된 것이다.

7. 사랑에 빠진 사람은 불가능을 믿는다고 합니다.

- 엘리자베스 바렛 브라우닝

8. 손으로 잡으면 금세 사라지는 눈꽃송이 같은 사랑보다는 늘 만지고 느낄 수 있는 바람 같은 사랑을 하기 바란다.

9. 거리가 떨어져야 황홀한 풍경이 만들어지고 푸른빛이 도는 산이 보인다. 때로는 멀리 있어 보는 것이 상대방을 더 많이 이해할 수 있는 계기가 된다. 지금 서로 너무 멀리 떨어져 있다고 안타까워하지 마십시오. 언젠가는 그 아름다운 풍경을 가까이서 볼 날이 올 것입니다.

10. 참된 사랑이란 얻기 위해 다 해 주는 것이 아니라 사랑을 얻고 난 후에도 변함없이 사랑해 주는 것이다.

- 영국 격언

11. 세상에는 열두 가지의 강한 것이 있다. 먼저 돌이다. 이 돌은 쇠에 의해 깎이고, 쇠는 불에 의해 녹는다. 또 불은 물에 의해 꺼지고, 물은 구름에 흡수되고, 구름은 바람에 날린다. 그러나 바람은 인간을 날려 버리지 못한다. 그러나 인간은 괴로움에 의해 산산조각이 난다. 하지만 괴로움은 술을 마시면 어느 정도 사라진다. 하지만 술은 잠에 의해서 깨어나고, 잠은 죽음만큼 강하지는 못하다. 그러나 이 죽음조차도 사랑을 이기지는 못한다.

- 탈무드

12. 상대가 "사랑해요."라고 말할 때는 얼마나 자신을 사랑했는지 알지 못한다. "사랑했어요."라고 말할 때에야 비로소 사랑의 크기를 알 수 있다. 하지만 "사랑했어요." 하고 말할 때가 되어서 후회하지 말고 "사랑해요."라고 말할 때 서로 더 아껴 주면서 더 크게 사랑해 주어야 한다.

13. 사랑은 '그렇기 때문에'가 아니라 '그럼에도 불구하고'이다.

14. 진정으로 사랑하는 사람들에게 헤어짐은 없다. 사랑은 이별한 후에도 줄 수 있기 때문이다.

15. 사랑에 빠진 사람에게는 오로지 두 종류의 전화만 온다. 첫 번째는 사

랑하는 사람에게서 온 전화이고, 두 번째는 그렇지 않은 사람에게서 온
전화이다.

16. 사랑이란 바닷물 같다. 마시면 마실수록 더 목이 마르다.

17. 꽃을 좋아하는 사람은 그 꽃을 꺾어서 자기 것으로 만들고, 꽃을 사랑
하는 사람은 그 꽃에 물을 준다.

1. 그대의 사랑 안에서 쉬고 싶습니다. 그대가 밝혀 준 촛불 하나 의지하고 편히 쉬고 싶습니다. 지난날들은 너무나 어두웠습니다. 이제 나 그대를 만나 작은 불빛 하나를 가슴에 밝혔으니 그대의 사랑 안에서 쉬고 싶습니다. 제 사랑을 받아 주세요.

2. 영화 〈제5원소〉에서 지구를 구하는 다섯 가지 원소는 땅, 불, 바람, 물, 사랑입니다. 그중에 사랑이 가장 소중하며, 나를 존재하게끔 하는 수많은 원소 중에서 가장 소중한 원소는 바로 당신입니다. 저를 받아 주시겠습니까?

3. 한여름에 내리는 소낙비 같은 사랑이 아니라 천천히 조금씩 스며드는 가랑비 같은 그런 사랑을 해 보고 싶어요. 깊은 바닷속 같은 사랑보다는 다정하게 속삭이는 시냇물처럼 정겨운 사랑을 해 보고 싶어요. 당신과 함께.

4. 날마다 기적이 일어나고 행운이 생겨나고 웃음이 찾아오네요. 그리고 날마다 가슴이 설레어 오네요! 그대를 알게 된 후로…… 이제 당신과 그 모든 행복을 같이 누리고 싶습니다.

5. 당신이 세잎클로버로 태어난 것을 슬퍼하지 마세요. 네잎클로버로 태어 났다면 당신의 허리는 누군가에 의해 잘려 나갔을 테니까요. 당신이 세 잎클로버로 태어난 것을 슬퍼하지 마세요. 제가 이제 당신의 한 잎이 되 어 드릴 테니까요.

6. 이 세상에서 가장 아름다운 모습은 바로 한 남자가 한 여자를 업고 있는 모습입니다. 이는 두 사람이 한 걸음으로 걷겠다는 의미이고, 한 사람의 모든 무게를 내가 감당하겠다는 의미이며 이 상대방에게 내 모든 것을 맡기겠다는 약속입니다. 이제 당신을 제 마음속에서 평생 업어 드리겠 습니다.

7. 나에게 넌 이런 사람이야, 아침에 눈 뜨면 생각나는 사람.
한참을 일에 열중하다가 쉬려고 눈 감으면 생각나는 사람.
비라도 오는 날이면 혹시 비를 맞지는 않았는지 걱정되는 사람.
손잡고 가는 연인이라도 보면 문득 생각나는 사람.
생각하면 그냥 절로 웃음 짓게 만드는 사람.
이제 아침에 눈을 뜨면 옆에 있는 사람 바로 네가 되어 주었으면 해.

8. 사랑하는 그대여, 이른 새벽녘 눈을 뜨면 가장 먼저 그대가 떠오릅니다.
그대는 태양보다도 먼저 내 마음속에 떠올라 햇살보다 먼저 내 마음을 환하게 비춰 주는 존재입니다.

오늘 나는 그대만이 내 생애의 전부임을 느낍니다. 오후 내내 그 지루한 시간들은 그리움 때문에 더욱 길게 느껴지지만, 석양이 지는 저녁이 오면 그대는 결코 태양보다 먼저 지지 않습니다. 그대는 태양보다 먼저 내 마음속에 떠오르는 존재. 그러나 태양보다 더 오랫동안 내 마음속에서 머물다 가는 존재입니다. 그대는 내 생애 전부와도 바꿀 수가 없습니다. 세상을 밝히는 저 태양과도 그대를 바꿀 수 없습니다. 이제 영원히 제 가슴속의 태양이 되어 주시겠습니까?

9. 길을 걷다 어느 레코드 가게에서 들리는 노래를 듣기 위해 가만히 서 있었던 적이 있습니다. 사소한 일일 뿐인데 금세 행복해졌습니다. 제가 만약 평생 동안 듣고 싶은 노래가 있다면 당신이 불러 주는 노래일 것입니다. 이제 당신의 아름다운 목소리를 옆에서 듣고 싶습니다.

10. 남극에 사는 펭귄은 자기 짝에게 구애하기 위해 피나는 노력을 합니다. 수컷은 암컷이 좋아하는 부드러운 조약돌을 찾기 위해 몇 시간 동안 자갈밭을 뒤지고 다닙니다. 그리하여 마침내 최고의 조약돌을 발견하면 사랑하는 암컷을 찾아가 그 보물을 발 앞에 얌전히 가져다 놓습니다. 이것이 바로 펭귄의 사랑의 표현입니다. 저는 펭귄처럼 최고의 조약돌을 구하지는 못했지만 여러 곳을 다니며 당신이 가장 좋아할 만한 반지를 준비했습니다. 제 사랑을 받아 주세요.

11. 하늘에게 가장 소중한 것은 별입니다. 땅에게 소중한 것은 꽃이며, 저에게 가장 소중한 건 바로 제 앞에 있는 당신입니다.

12. 사랑하기 때문에 사랑하는 것이 아니라, 사랑할 수밖에 없기 때문에 당신을 사랑합니다.

13. 내 마음속에 사랑을 보려면, 넌 배를 타고 비행기를 타고 우주선을 타고 돌아다녀야 될 거야. 내 사랑을 듣고 싶다면 이 세상에 모든 스피커를 모아 놓고 들어야 될 거야. 하지만 그런 수고를 할 필요가 없도록 매일 내 사랑을 네게 보여 주고 속삭여 주고 싶어. 이런 내 마음을 받아 주겠니?

14. 가끔 서점에서 좋은 책을 발견할 때가 있습니다. 한 장 한 장 넘길 때마다 그다음이 궁금하고 그래서 단숨에 끝까지 읽고 난 후에 그 자리에 가만히 눈을 감고 행복해할 때가 있습니다. 만약 제가 평생 동안 읽고 싶은 책이 있다면 바로 당신이 그런 책일 거예요. 세상에 하나뿐인 나의 책이 되어 주세요.

15. 광대한 우주, 무한한 시간, 같은 행성, 같은 시대에 살게 된 놀라운 확률…… 그리고 그 수많은 사람들 속의 단 한 사람. 내게 사랑의 느낌으로 다가온 기적 같은 당신에게 가슴 뻐근해지도록 하고 싶은 말이 있습니다.
"당신을 사랑해도 될까요?"

16. 난 지금껏 살아오면서 참 많은 방법을 배운 것 같아. 젓가락 쥐는 법, 건널목을 건너는 법, 적당히 칭찬하는 법, 내 감정을 드러내지 않는 법, 누군가를 잊는 법. 그러나 한 가지 배우지 못한 방법이 있어. 그건 바로

사랑에 빠졌을 때 헤어 나오는 방법이야. 그래도 영원히 널 사랑하고 싶어.

17. 받으셨나요? 바람에 보낸 들꽃의 상큼한 향기, 햇빛에 보낸 오후에 찬란한 무지갯빛, 바다의 눈부시게 하얀 파도와 갈매기 몸짓, 별들에 보낸 눈부신 반짝임, 나비에 보낸 달콤한 꽃 냄새…… 당신에게는 늘 세상의 가장 아름다운 것만 보내드리고 싶어요.

18. 한겨울에 내리는 첫눈에 설레는 감정을 추스르는 동안, 내 마음은 온통 하얀 설렘으로 가득합니다. 내 마음속에 평생 내리고 싶은 눈이 있다면 당신이라는 첫눈입니다. 아름다운 첫눈을 보면 언제나 마음이 설레듯 그렇게 당신을 언제나 두근두근합니다. 아무래도 당신을 사랑하는 것 같습니다. 제 마음을 받아 주세요!

19. 온 세상 모든 것이 나를 떠날 때 당신만은 내 곁에 남아 있으리란 것을 알고 있듯 온 세상 모든 것이 당신을 떠날 때 나 역시 그대 곁에 있으리란 것을 잊지 마세요. 이제 제가 당신의 모든 것이 되어 드리겠습니다.

20. 소리 없이 내리는 새벽 가랑비처럼 제 사랑도 당신 곁에 항상 내리게 하고 싶습니다. 이제 우산은 접고 제 사랑의 비를 함께 맞아 주시겠습니까?

21. 별을 바라보면 별빛을 닮고 꽃을 바라보면 꽃잎을 닮아 간다고 합니다. 저는 그대만 바라보면 될 것 같습니다. 그대의 눈은 별빛, 그대의 입술은 꽃잎, 그대의 미소는 천사, 이제 당신만을 닮고 싶습니다.

행복

1. 세상이 자신을 행복하게 해 주지 않는다고 불평하는 것은 이기적인 병이다. 왜 행복을 소비할 것만 생각하고 행복을 생산할 것은 생각하지 않는가?

   - 버나드 쇼

2. 매일매일 그대를 위한 최후의 날이라고 생각하라. 그렇게 하면 생각지도 않던 오늘을 얻음으로 행복을 맛볼 것이다.

   - 호라티우스

3. 네잎클로버의 꽃말은 '행운'이죠. 우리는 네잎클로버를 따기 위해 수많은 세잎크로버들을 짓밟고 있어요. 그런데 세잎클로버의 꽃말이 무엇인지 아시나요? '행복'이랍니다. 우리는 수많은 행복 속에서 행운만을 찾고 있는 것은 아닌가요? 행운을 찾기보단 지금의 행복을 느끼고 즐기시기

바랍니다.

4. 행복에는 3가지 원칙이 있다고 합니다. 첫째는 어떤 일을 할 것이고, 둘째는 어떤 사람을 사랑하는 것 그리고 셋째는 어떤 일에 희망을 가지는 것입니다. 이 세 가지 원칙만 기억하셔도 여러분은 충분히 행복해질 수 있을 것입니다.

5. 플라톤의 명언 중에 "남을 행복하게 할 수 있는 자만이 행복을 얻는다." 라는 말이 있습니다. 남에게 늘 행복을 베풀면 언젠가는 자신에게 돌아옵니다. 바쁘고 정신없는 세상이지만 다른 사람들에게 행복을 줄 수 있는 여유를 가질 수 있는 여러분이 되시기를 바랍니다.

6. 미소는 행복에 시동을 거는 열쇠이다. 어두운 길을 걷고 있을 때는 하나의 등불이 되고, 성공이라는 대문 앞에 다다랐을 때는 그 문을 여는 열쇠가 된다.

7. 다른 사람에게 행복해 보이는 사람이 아닌 자기 자신에게 행복한 사람이 정말 행복한 사람이다.

- 푸블리우스 시루스

8. 행복의 문은 하나가 닫히면 다른 하나의 행복의 문이 열린다. 하지만 우리는 종종 닫힌 문만 바라보다가 이미 열린 다른 행복의 문을 보지 못한다.

- 헬렌 켈러

리더십

1. 군자는 배우고 묻기를 부끄러워하지 않는다.

2. 진정한 리더가 되길 원한다면 사람들 앞에서 당당하게 외칠 수 있어야
   한다.

3. 세 사람이 길을 가면 그중에 반드시 나의 스승이 될 만한 사람이 있다.
   그러므로 제자라고 하여 스승만 못한 것도 아니며 스승이라고 하여 반
   드시 제자보다 어진 것도 아니다. 다만 도를 물어 마음에 얻은 바가 앞서
   든가 늦든가 하는 차이가 있을 뿐이다.

   - 공자

4. 평범한 리더는 말을 하고, 좋은 리더는 설명을 하며, 훌륭한 리더는 모범
   을 보이고, 위대한 리더는 감동을 준다.

5. 부드러운 설득은 강한 위협보다 강하다. 전자는 사람을 녹이고 후자는
   부수어 버릴 뿐이다.

배려

1. 인도의 간디가 하루는 기차를 타러 역에 갔는데 막 열차가 떠나고 있어서 겨우 마지막 칸에 매달렸다고 합니다. 그런데 그 순간 신발 한 짝이 벗겨져 철로 위에 떨어졌습니다. 이미 출발한 기차에서 뛰어내려야 할까요? 그때 간디의 선택은 나머지 한쪽 신발도 먼저 떨어진 신발 쪽으로 던지는 것이었습니다. 누군가 신발 한 짝만 주우면 쓸모가 없으니 아예 나머지까지 던져 준 것이죠. '과연 나라면 어떻게 했을까?' 이런 생각을 해 봅니다. 신발 한 짝을 더 벗어 줄 수 있는 간디의 배려를 배울 수 있었으면 좋겠습니다.

2. 사랑하는 사람은 사랑하는 세계에 살고 미워하는 사람은 미워하는 세계에 산다. 당신이 만나는 모든 사람은 당신의 거울이다.

- 켄 키즈 Jr.

3. 한 청년이 테레사 수녀에게 물었다고 한다.

  "수녀님 부유해서 편안하게 사는 사람을 보면 부럽지 않으세요? 평생 이렇게 사는 것에 만족하십니까?"

  그러자 테레사 수녀가 빙그레 웃으면서 말했다.

  "허리를 굽히고 섬기는 사람에게는 위를 쳐다볼 시간이 없습니다."

4. 봉사는 내가 지구상에서 사는 특권에 대해 지불해야 하는 일종의 세금이라고 한다. 하지만 아프고 불쌍한 사람만 돕는 것만이 봉사는 아니다. 여러분들 옆에 계신 분들에게 웃음을 주기 위해서 노력하는 것 또한 바로 봉사이다.

5. 친절한 말은 짧고 쉽게 할 수 있지만 긴 메아리를 남긴다.

- 테레사 수녀

진행 시나리오

처음에 진행을 하기 위해서는 자신이 멘트를 정리해서 시나리오를 짜는 것도 바람직하다. 처음부터 잘하는 사람은 아무도 없다. 시나리오를 짜고 그것대로 진행해 보자!

결혼식 시나리오

1. 식장 정돈

(예식 시간 5분 전) 잠시 후 신랑 ○○○군과 신부 ○○○양의 결혼식이 진행될 예정이오니 참석하신 내빈 여러분께서는 마련된 좌석에 착석해 주시기 바랍니다. 자리에 앉으실 때는 앞 좌석부터 앉아 주시기를 부탁드립니다.

자리에 다 앉으신 것 같은데요. 자리를 정리하도록 하겠습니다. **(진짜 친한 경우에만 사용 멘트) 먼저 '나는 축의금을 10만 원 이상 냈다!' 하시는 분은 제일 앞자리에 누워서 보시면 되고요! 5만 원 이상 내신 분들은 편안하게 앉아서 보시면 되고요! 아직 축의금을 내지 않았다!** 하시는 분들은 뒤에 서서 보도록 하겠습니다. 농담이고 오늘 이렇게 자리해 주신 것만으로도 신랑·신부를 대신해서 진심으로 감사드린다는 말씀을 드립니다.

2. 개식 선언

그러면 신랑 ○○○군과 신부 ○○○양의 결혼식을 시작하겠습니다. 먼저 제 소개를 하겠습니다. 근데 결혼식에서 제 소개가 중요한 게 아니니까 제 소개는 간단하게 한 시간만 하도록 하겠습니다. 저는 오늘 사회를 맡게 된 ○○○입니다.

3. 화촉 점화

이제 성스러운 예식을 위해 양가 어머님께서 축복의 촛불을 점화하는 순서입니다. 양가 어머님께서는 입장해 주시기 바랍니다. 여러분 놀라지 마세요! 신부 입장이 아닙니다. 양가 어머님, 화촉 점화해 주시기 바랍니다. 화촉 점화! 큰 박수 부탁드립니다.

4. 신랑 입장

네, 다음으로 신랑 입장이 있겠습니다. 우리 신랑을 데려가는 건 한마디로 아주 탄탄한 중소기업을 업고 가시는 것입니다. 그러면 ○○○군의 입장이 있겠습니다. 박수로 맞아 주시길 바랍니다. 신랑 입장!

(신랑 주례 선생님과 양가 부모님 내빈에게 경례)

5. 신부 입장

다음, 아름다운 ○월의 신부 ○○○양이 입장하겠습니다. 입장할 때 뜨거운 박수로 맞아 주시길 바랍니다. 신부 입장!

6. 신랑·신부 맞절

이제 일가친척과 친지를 모신 자리에서 성년의 예를 올리는 맞절의 순서

가 있겠습니다. (멘트 이후 주례 선생님이 인사를 시킴)

7. 혼인 서약

다음은 혼인 서약이 있겠습니다.

(멘트 이후 주례 선생님이 혼인 서약을 주관)

8. 성혼선언문 낭독

이제 두 사람이 완전한 부부가 됨을 선언하는 성혼선언문 낭독이 있겠습니다.

9. 주례사(주례자 소개)

다음은 두 사람에게 좋은 귀감이 될 말씀을 듣는 주례사가 있겠습니다. 주례사의 앞서 간단히 선생님의 약력을 소개해 드리도록 하겠습니다.

주례를 맡으신 ○○선생님께서는……(약력 소개)

(주례사 후)

주례 선생님의 소중한 말씀 감사합니다. 신랑·신부는 꼭 실천하며 행복한 가정을 이루시길 바랍니다.

10. 부모님께 감사 인사 및 내빈(하객)께 인사 순서

이제 양가 부모님께 인사와 하객 여러분에게 감사 인사 순서가 있겠습니다. 먼저 신부 부모님께 먼저 인사드리는 시간 갖도록 하겠습니다.

(주례 선생님이 인사를 시켜 준다.)

다음은 신랑 부모님께 인사드리는 시간 갖도록 하겠습니다.

(주례 선생님이 인사를 시켜 준다.)

다음은 양가 혼주님 나오셔서 같이 인사드리는 시간 갖도록 하겠습니다. (주례 선생님이 인사를 시켜 준다.)

* 감사 인사는 주례 선생님들마다 특색이 달라서 앞의 멘트만 하면 다 알아서 하시는 분이 있고, 위 대본처럼 하는 분도 있으니 예식장에 나와 있는 대본을 참조하고 주례 선생님과 조율을 해야 한다.

11. 케이크 커팅(옵션: 없는 곳도 있으니 확인)

다음은 신랑 신부의 결혼을 축하하는 축하 케이크 커팅 시간입니다.

12. 축가

지금 노래를 부르시는 분은 〈미스터 트롯〉에 나가서 당당하게 박명수 씨에게 독설을 듣고 지금은 노래방에서만 노래를 열심히 부르고 계신 ○○○ 군입니다!

13. 이벤트

다음 순서는 오늘에 하이라이트, 결혼식의 꽃! 결혼 이벤트를 시작하겠습니다. 원래 만세만 하고 끝내는데 남편분이 지은 죄가 크더라고요. 내려갈 때 신랑은 "오늘 밤 사랑해 줄게!", 신부님은 "아잉~ 몰라요!" 하시면 됩니다. 신랑·신부는 만세를 하면서 내빈께 큰소리로 "잘 살겠습니다."라고 3회 실시하면 내빈 여러분들께서는 큰소리로 "그래, 잘 살아라!"라고 외쳐 주시면 됩니다. 알겠습니까? 그럼, 신랑·신부 "잘 살겠습니다." 3회 복창 실시! 그리고 마지막 이벤트! 가장 중요한 것입니다. 마주 보시고 뽀뽀를 하는데 박수가 끝날 때까지 뽀뽀를 해 주시면 됩니다. 한 사람이라도 박수를 치는데 입을 떼시면 처음부터 다시 시작합니다. "뽀뽀 시작." (박수가 멈춰서 입을 떼려고 하면 사회자가 혼자 오버해서 계속 박수를 친다.)

14. 신랑·신부 행진

사랑에는 전반전과 후반전이 있다고 합니다. 결혼하기 전이 전반전, 결혼한 후가 후반전이라고 하는데 전반전에 아무리 잘해도 후반전을 망치면 경기에서 지게 되어 있습니다. 이 자리에서 문 쪽으로 걸어가는 순간 후반전이 시작이 됩니다. 이제 시작되는 후반전 열심히 노력하셔서 아름다운 사랑의 결실을 맺으셨으면 좋겠습니다.

마지막으로 가장 아름답고 행복한 부부가 될 것을 다짐하는 행진이 있겠습니다. 두 분이 함께 걸어가는 지금 이 순간부터 함께하는 모든 날들이 행복하시기를 바라면서 내빈 여러분께서는 박수로 축복해 주시기 바랍니다. 신랑·신부 행진!

15. 마지막 멘트

이것으로 모든 예식 순서를 마치겠습니다. 하객 여러분, 두 분 결혼식에 함께해 주셔서 대단히 감사합니다. 잠시 후 신랑 측과 신부 측 사진 촬영과 피로연이 있습니다. 한 분도 빠짐없이 참석해 주시기 바랍니다. 두 분 건강하시고 행복하시길 빌겠습니다.

결혼식 피로연 시나리오

안녕하세요. 반갑습니다. 결혼식 피로연 진행을 맡은 MC ○○○입니다. 제가 오늘 피로연 진행을 맡게 되었는데요. 그래서 저의 역할에 대해 골똘히 생각해 보았습니다. 결론은 '기억에 남는 피로연을 만들어 주는 것이 좋겠다.'라는 것입니다.

그래서 두 가지를 준비했습니다. 그냥 쉽게 끝나는 미션 그리고 아주 어렵고 힘든 미션 두 가지가 있는데, 여기 있는 분들의 의견에 따르겠습니다. 아주 쉬운 미션으로 하는 게 좋겠다(아주 빨리 끊으며) 박수! 거의 안 계시고 아주 힘들고 어렵고 우리가 보면서 재미있을 수 있는 미션을 많이 해야한다 박수! 그렇죠? 군에서의 추억들 중에 훈련소가 가장 많이 생각나는 이유는 고생을 많이 하기 때문이죠? 오늘은 훈련소 화생방 훈련보다 더 힘든미션들을 많이 준비했으니까 여러분들 기대하셔도 좋습니다.

* 애드립: 점점 오늘 신랑·신부의 얼굴이 굳어지면서 저를 부른 것을 후회하고 있는 것같습니다. 참고로 제가 진행을 하고 신혼여행을 못 간 커플들이 많습니다. 마음의 준비를하시고 미션을 하기 전에 간단하게 서로 마주 보시고!

1. 서로 칭찬해 주기 게임

사랑을 하면 서로의 단점도 장점으로 보이기 마련인데요. 오늘 이 자리에서 아주 닭살 돋게 서로의 칭찬을 하시면 됩니다. 준비 시작! 너무 못하시는 것 같은데 여기 친구분들 중에서 한 커플을 뽑아서 (진행자가 뽑아서 앞으로 불러도 되고, 신랑·신부가 직접 상황에 맞게 참가자를 불러도 좋다) 그분들이 하는 것을 보고 만약 나온 커플보다 못한다 하면 남자분이 벌칙을 받게 됩니다.

2. 신부 노래 듣기(준비물: 신문지)

오늘의 주인공이신 신부님의 노래를 듣지 않을 수가 없겠죠? 우리 신부님이 노래를 부를 때 우리 신랑분은 코끼리 코를 하시고 신문 위에 올라가서 20바퀴 돌고 춤을 추시는데 신문 위에서 벗어나시면 엄청난 벌칙이 있습니다. (처음 벌칙을 아주 강하게 주어야 다음 진행도 원활해진다)

3. 뽀뽀뽀 게임(준비물: 립스틱)

이번에는 우리 신랑 친구 분이 나오셔서 노래를 불러 주셔야 하는데요. 친구분 한 분 나오세요! (나오면) 우리 친구분이 노래를 부르시면 되는데 노래 제목은 '뽀뽀뽀'고요. 신랑 친구가 '뽀뽀뽀' 노래를 하면 우리 신랑은 와이셔츠를 풀어 주시고 배를 내미시고 우리 신부님은 '뽀뽀뽀'라는 가사가 나올 때마다 준비된 립스틱을 입에 발라서 신랑 배에 아주 진한 입술 자국을 8개 남기시면 됩니다. 노래가 끝날 때까지 입술 자국 8개를 남기지 않으시면 벌칙이 있습니다.

4. 빨래집게 떼어 내기 게임(준비물: 눈가리개)

이번 게임은 우리 신랑·신부 친구분들이 한 명씩이 도움을 주셔야 합니다. 도움 주실 분, 친구분들, 선착순 한 명씩 앞으로 나오세요! 앞에 빨래집게가 10개가 있는데 이 빨래집게를 신랑·신부의 몸에 가장 떼기 힘든 곳에 붙여 주시면 됩니다. 붙이기 전에 신랑·신부 눈을 가려 주세요. (다 붙이면) 이 빨래집게를 미래에 있을 안 좋은 일들이라고 생각하시고 지금부터 1분의 시간 동안 서로서로 빨래집게를 신속하게 떼 주시면 됩니다. 만약 1개라도 찾아내지 못하면 남편분 또 벌칙 있으니까 각오하시고 만약 이번에는 다 찾아내면 남편분이 친구에게 벌칙을 줄 수 있는 기회를 드리겠습니다.

5. 행동 따라 하기 게임(준비물: 눈가리개)

신부님 눈을 가려 주세요. 음악이 나오면 남편분이 춤을 추다가 음악이 멈추면서 스톱 하면 그대로 멈추셔야 합니다. 그리고 우리 신부님은 신랑의 몸을 만져서 멈춘 포즈를 똑같이 취하시면 됩니다. 무조건 똑같이 포즈를 취하셔야 끝나는 게임입니다. 준비 음악 주세요. (음악은 약 30초 뒤에 꺼진다) 좋습니다. 그러면 이번에는 우리 친구 분 두 분을 불러서 우리 신랑·신부와 대결을 하도록 하겠습니다. (남자 두 명 혹은 남녀) 2명을 앞으로 나오게 한 후 친구 두 명 중 한 명의 눈을 가리고 음악과 함께 시작합니다. (만약 음악에 따라 춤을 열심히 주지 않으면 벌칙)

6. 이구동성 게임

(의자에 신랑·신부 등을 맞대고 앉게 한 뒤 남편분의 다리만 의자 위에 올려서 틀리면 바로 발바닥을 때릴 수 있게 만들어 놓는다)

지금부터 제가 질문을 드릴 텐데 하나, 둘, 셋! 하시면 다 같이 큰 목소리로 대답하셔야 합니다. 만약 같이 대답을 안 하셔도 벌칙이 있고 서로 다른 말을 하셔도 벌칙이 있습니다. (벌칙은 친구가 발바닥을 때리는 것)

인터뷰 질문:

- 처음 만났던 장소?

- 신랑의 생일?

- 신부의 생일?

- 프러포즈 장소?

- 가장 좋았던 여행지?

- 오늘까지 만난 일수는?

- 두 분이 처음 갔던 모텔 이름은?

7. 댄스파티

두 분의 앞날을 위해서 우리 친구분들을 불러서 댄스를 보겠습니다. (신랑·신부님의 추천을 받아 불러올려서 친구들의 댄스를 본다.) 친구들의 댄스도 봤기 때문에 이번에는 우리 신랑·신부의 커플 댄스를 보겠습니다. (풍선을 주고 음악이 나오면 커플 댄스를 추다가 스톱하면 터뜨리게 한다.)

8. 다시 한번 프러포즈

마지막 순서로 프러포즈를 하는 시간을 갖도록 하겠습니다. 물론 결혼 전에 멋지게 하셨겠지만 많은 사람들 앞에서 하는 프러포즈가 더욱더 의미가 있을 것이고요. 기억에도 남을 것입니다. 결혼 전에는 간이고 쓸개고 다 빼줄 것처럼 하다가 결혼하고 변하는 남자분들이 많은데, 오늘 이 시간 이 자리에서 이 많은 사람들 앞에서 "난 변하지 않을 거다. 너는 이제 내 여자다. 내가 이 세상 그 누구보다 잘해 줄게!" 하고 멋지게 프러포즈해 주시면 됩니다.

(프러포즈 BGM)

돌잔치 시나리오

1. 오프닝 인사

네, 오래 기다리셨습니다. 먼저 이 자리에 참석해 주신 가족·친지 내외 여러분들께 오늘의 주인공인 ○○○ 가족을 대신해서 진심으로 감사의 말씀드립니다. 네, 모든 게 처음이 중요하다고 하지 않습니까? 처음으로 맞이하는 우리 ○○○ 공주(혹은 왕자)의 첫 생일입니다.

이런 의미 있는 날이기 때문에 음식을 드시거나 다른 일 하시는 것은 잠시 멈추시고 앞에 무대를 집중해 주시면 감사하겠습니다. 그리고 불편하신 사항 있으시면 입술 꽉 깨물고 참으시기 바랍니다. 오늘 이렇게 축하해 주시고자 어려운 걸음 해 주신 분들이 많은데 제가 간단하게 건강 테스트를 해 드리겠습니다.

2. 건강 테스트

오른쪽 어깨를 돌려 보세요. 잘 돌아가시는 분, 손 들어 보세요! 내 간이 좋으신 분들입니다. 왼쪽 어깨를 돌려 보세요. 잘 돌아가시는 분, 손 들어 보세요! 내 심장이 좋으신 분들입니다.

양쪽 어깨를 돌려 보세요. 잘 돌아가시는 분 손 들어 보세요! 여성분이 손 들으면 "네, 저분 정말 잘 돌아가시네요?"

"네 축하드립니다, 임신입니다."

(남자나 어린이가 손 들면 "네, 치질입니다.")

3. 가족 입장

네, 간단하게 몸을 풀어 봤고요! 지금부터 본격적으로 시작을 하도록 할 텐데요. 오늘의 주인공이 아직 보이지 않죠? 이제, 오늘의 주인공을 큰 목소리로 불러 보도록 하겠습니다!

"함성 발사!" 하면 "○○야!" 하고 크게 불러 주시면 됩니다.

함성 발사!

("○○야!" 목소리가 작으면) 잠시만요! 이건 팔순 잔치가 아닙니다.

다시 하면 목소리 크게, 함성 발사!

네, 지금 ○○공주(혹은 왕자)와 가족이 입장하고 있습니다. 걸어오시는 길에 여러분들의 축하의 박수 부탁드립니다.

하나둘, 하나둘, 제자리에 서!

(다 걸어 나오면) 하객분들께 인사하도록 하겠습니다. 차렷, 경례!

예의도 바르세요! 그러면 먼저 다를 아시겠지만 혹시 모르시는 분들을 위해서 앞에 멋진 가족분들을 소개해 드리도록 하겠습니다.

4. 가족 소개

아버님 성함은 ○○○님, 어머님 성함은 ○○○님, 지금 현재 결혼하신 지 1년 2개월 되셨습니다. 그리고 가장 중요한 것은 두 분이 첫눈에 반해서 결혼을 하셨다고 하는데 사실인가요? (인터뷰 애드립) 어쨌든 사랑의 결실로 ○월 ○일 ○○○공주(혹은 왕자)가 태어났습니다. 축하의 박수 부탁드립니다.

5. 가족 인사

바쁘신데도 불구하고 자리해 주신 하객 여러분들께 감사 인사 말씀 부탁드립니다

6. 촛불 점화(축하 노래)

그럼 첫 번째 순서로 케이크에 촛불을 켜도록 하겠습니다. 그리고 다 같이 생일 축하 노래를 부를 텐데 모르시는 분 안 계시죠? 모르시는 분들은 율동으로 함께하시면 되고요! 우리 ○○○공주(혹은 왕자)를 사랑하는 만큼 크게 불러 주시면 됩니다.

"하나, 둘, 셋, 넷! 생일 축하합니다♬"

이제 촛불을 끄도록 할 텐데요! 케이크에 촛불을 켜고 소원을 빌면 이루어진다고 합니다. 우리 부모님께서 ○○○공주(혹은 왕자)에게 바라는 소원 한 가지씩 말씀해 주세요! (다 듣고) 네, 그 소원이 이루어지길 바라면서 케이크 촛불을 끄도록 하겠습니다. 하나, 둘, 셋!

네, 이렇게 어머님, 아버님의 소원을 담아 촛불을 껐습니다.

7. 케이크 커팅

이번에는 케이크를 커팅하는 순서를 갖도록 하겠습니다. 케이크 커팅은 지난 안 좋았던 일들 미래에 있을 모든 나쁜 일들을 다 잘라 버린다는 의미가 있다고 합니다. 그 의미를 되새기시고요.! 모든 일들이 만사형통하시기만을 바라면서 케이크 커팅을 하도록 하겠습니다.

케이크가 잘려 나갈 때 여러분들의 큰 박수 부탁드립니다.

8. 건배 제의

이번에는 다 같이 한마음이 되어서 건배를 하는 시간을 갖도록 하겠습니다. 앞에 있는 잔을 채워 주세요! 채우신 분은 잔을 높이 들어 주시는데 ○○○공주(혹은 왕자)를 사랑하는 만큼 높이 들어 주시면 됩니다.

네, 그러면 제가 "○○○공주(혹은 왕자)의 건강과 행복을!"이라고 하면 여러분은 "위하여!"라고 외쳐 주시면 됩니다. ○○○공주(혹은 왕자)의 건강과 행복을 위하여!

9. 돌잡이

네, 이번 순서는 돌잔치의 하이라이트이죠. 돌잡이 순서입니다. 돌잡이는 아이가 커서 무엇이 될지 점 쳐 보는 우리나라 고유의 풍습이라고 합니다. 그러면 시작을 하기 전에 돌잡이 물건을 설명을 드리겠습니다.

먼저 공부를 잘한다는 의미의 연필, 많은 재산을 모으라는 의미의 쌀, 훌륭한 의사가 되라는 청진기 지금 보니까요. 딱 하나가 빠져 있어요. 어떤 물건이 빠져 있죠? 그렇죠! 돈이죠! 그러면 우리 ○○○공주(혹은 왕자)에게 용돈 주는 시간을 갖도록 하겠습니다. 천 원, 만 원, 십만 원 상관없습니다. 용돈 주고 싶으신 분들은 앞으로 나오셔서 용돈을 주시기 바랍니다.

(애드립 멘트, 예를 들어 돈을 많이 낼 경우: 청담동 사모님께서 이유식 값으로 5만 원 내셨습니다. 역시 럭셔리하시네요! 등등)

네, 이제 돌잡이를 시작하도록 할 텐데! 우리 아버님은 어떤 물건을 잡았으면 좋겠어요? "공책이요." (애드립 멘트, 예를 들어 "공책이라고 말씀하셨지만 시종일관 돈만 바라보고 계세요!") 어머님은 무엇을 잡았으면 좋겠어요. (재미있게 인터뷰 진행) 네, 아버님 말씀처럼 공책을 잡을지 어머님 말씀처럼 ○○○을 잡을지 기대가 되는데요! 가끔 가다 앞에 있는 물건이 아니라 아버님이나 어머님의 멱살을 잡는 경우가 있습니다. 그럴 경우에는 당황하지 마시고 아이가 돌잔치 물건을 잡을 수 있게 도와주시면 됩니다.

네, 그러면 지금부터 시작합니다. 내빈 여러분들은 오른손을 높이 들어 주시고요 손바닥을 펴세요. 그리고 제가 ○○○아! 하면 여러분들은 손을 쥐면서 잡아라! 하시면 됩니다.

○○○아! ("잡아라!")

(잡으면) 네! ○○○공주(혹은 왕자)가 ○○○을 잡았습니다.

○○○을 잡은 걸로 봐서 커서 훌륭한 ○○○이 될 것 같습니다!

10. 실걸이

네, 이제 마지막 순서로 양가 할머님을 모셔서 ○○○이 오래오래 예쁘고 건강하게 살라는 의미에서 실 걸이를 하도록 하겠습니다. 양가 할머니께서는 앞으로 자리해 주시기 바랍니다. 두 분은 실을 잡아 주시고요! 덕담한 말씀씩 부탁드립니다.

(덕담 듣고) 네. 좋은 덕담 감사드리고요. 무병장수하라는 의미를 되새기면서 실을 목에 걸도록 하겠습니다.

네, 감사합니다. 이것으로 모든 순서를 마치겠습니다.

11. 마지막 가족 인사

마지막으로 "우리 ○○○을 어떻게 키우겠습니다."라고 말씀해 주시기 바랍니다. (다 듣고 나서) 감사합니다.

12. 클로징 멘트

제가 우리 ○○○에게 선물로 멋진 말을 준비했습니다. 천문학자가 별을 보면 1,000년에 1번씩 2개의 별이 사라진다고 하는데요. 이 별은 하늘에서 다시는 찾을 수 없는 대신 아름다운 사람의 두 눈이 된다고 합니다.

우리 ○○○의 눈 속에 그 별이 있는 것 같습니다. 그 별처럼 세상을 밝게 비출 별이 되기를 진심으로 바라면서. 제가 ○○○ 하면 손으로 하트를 만드시면서 "사랑해!"라고 하면서 마무리 짓도록 하겠습니다.

○○○! (사랑해!) 감사합니다. 앞으로 남은 시간도 좋은 시간되시길 바랍니다. 지금까지 MC ○○○이었습니다.

연주회 or 콘서트 시나리오

먼저 콘서트에 오신 관객 여러분을 환영합니다.

잠시 후, 5분 뒤에 콘서트가 시작될 예정이오니 장내에 계신 관객 여러분께서는 지정된 자리에 모두 착석해 주시기 바랍니다. 즐거운 공연 관람을 위하여 가지고 계신 휴대폰과 전자기기는 잠시 꺼 주시기 바랍니다.

그럼, 5분 뒤에 시작하도록 하겠습니다.

네, 안녕하세요? 저는 오늘 진행을 맡은 MC ○○○입니다. (정중히 인사)

네, 감사합니다.

이번 겨울은 유난히 추웠던 겨울이 아니었나 하는 생각을 합니다. 지난해의 좋았던 기억만 가슴에 간직하시고 이번 해에는 여러분들께 조금이나마 따뜻한 시간과 추억을 드리고자 이렇게 자리를 마련하게 되었습니다.

오늘 이 시간이 여러분들 인생에 기억에 남는 최고의 추억이 되시기를 바랍니다. 오늘의 스페셜 무대!

가수 ○○○ 씨를 모실 텐데요. 아, 이분하면 바로 떠오르는 노래가 있죠?

네, 바로 ○○○이죠. 실력이면 실력, 외모면 외모 모든 면에서 완벽한 가수 ○○○ 씨를 모시겠습니다. 큰 박수 부탁드립니다.

클로징 멘트

네, 다시 한번 큰 박수 부탁드리겠습니다. 아, 보는 내내 가슴이 살아 움직이는 것 같았습니다. 여러분은 오늘 어떠셨나요?

네, 오늘 저희가 준비한 순서는 여기까지고요.

"음악은 인류 공통의 언어이며 인류 공통의 즐거움과 기쁨이다." 미국의 유명한 시인 롱펠로의 명언이죠!

항상 여러분들 마음속에 즐거움과 기쁨이 가득하기를 기원하면서 저 MC ○○○은 여기서 인사드리도록 하겠습니다.

책을 마무리하며

이렇게 책이 나오기까지 약 10년이 걸렸네요!

요즘 한 달 동안 책을 출판 작업 마무리를 위해 교정 보고 책에 들어갈 프로필 사진도 찍고 바쁘지만 행복한 시간들을 보내고 있습니다.

처음에는 메모해 놓은 것을 보기 편하게 정리해 놓으려고 시작했는데 이렇게 책을 완성하게 되어서 감회가 새롭습니다.

책을 쓰면서 '책 쓰는 게 참 힘든 거였구나. 그만 포기할까……', '힘들게 모은 멘트인데 나 혼자 몰래 볼까……'라는 생각이 수없이 들었습니다. 하지만 이 책을 통해서 더 많은 사람들이 무대에서 다른 사람들에게 웃음과 행복을 주었으면 하는 바람에서 이렇게 출판하게 되었습니다.

이 책 안에 있는 멘트는 외우고 상황에 맞게 쓰기만 하면 사람들에게 웃음과 감동을 줄 수 있고 많은 사람들 앞에서도 긴장하지 않고 쉽게 말을 잘하게 되는 실전 스피치 책입니다. 대한민국 사람 모두가 『THEMENT』를 통해서 위트 있고 자신감 있게 남들 앞에서 말할 수 있기를 바랍니다.

감사한 분들

사실 이 책은 저 혼자 쓴 책이 아닙니다. 이 책을 완성하기까지 정말 많은 분들께서 도움을 주셨습니다.

언제나 내 편, 나의 사랑하는 아내 **박윤미**.

내가 살아가는 이유가 된 우리 아이들 **이찬, 이준**.

먼저 늘 옆에서 저의 편이 되어 주시는 세상에서 제일 사랑하는 **어머님, 아 버님**.

나에게 윤미라는 선물을 주신 **장모님 장인어른**.

저에게 레크리에이션과 성공의 습관을 가르쳐 주신 영원한 저의 멘토이자 영원한 스승님 **고혜성 강사님**.

늘 옆에서 가르침을 주시는 대한민국 1% MC **이호선 선배님**.

해군 홍보단 준비할 때 늘 아낌없이 도와주시고 지금도 늘 옆에서 도움 주 시는 KBS 공채 MC **정무 형**.

이 책의 제목과 회사의 이름까지 지어 주신 **일희 형**.

군대에서는 가난뱅이였지만 지금 최고 잘나가는 친구 KBS 개그맨 **기리**.

04학번 최고의 MC! 이자 동반자 배울 게 많은 **희승이**.

늘 믿음직스럽게 뒤에서 도와주는 **라용이**.

보고만 있어도 든든하고 믿음직한 **동건이**.

홍탁 민석에서 연돈 민석으로 완전히 다른 사람이 된 **민석이**.

항상 긍정적인 마인드로 모든 걱정을 사라지게 만들어 주는 **승진이**.

어려운 상황 속에서 최선을 다하는 인력소 **강림이**.

뒤에서 항상 뛰어다니며 부족한 나를 챙겨 주는 **동하**.

똑똑하고 센스 있는 뭐든지 못하는 게 없는 **정휘**.

그냥 옆에만 있어도 든든한 **현정이**.

지금은 없지만 항상 옆에서 힘이 되어 주던 첫 수제자 **동철이**.

그 외 모든 교수님과 형님, 친구, 동생들 모두에게 정말 감사합니다.